“互联网+”时代公共数字文化工程的服务模式转变研究

温 泉 著

首都师范大学出版社
CAPITAL NORMAL UNIVERSITY PRESS

图书在版编目（CIP）数据

“互联网 +”时代公共数字文化工程的服务模式转变研究 / 温泉著 . —北京：首都师范大学出版社，2023.6

ISBN 978-7-5656-7455-6

Ⅰ . ①互… Ⅱ . ①温… Ⅲ . ①数字图书馆－公共图书馆－图书馆服务－研究 Ⅳ . ① G250.76

中国国家版本馆 CIP 数据核字（2023）第 029040 号

“HULIANWANG +” SHIDAI GONGGONG SHUZI WENHUA GONGCHENG DE FUWU MOSHI ZHUANBIAN YANJIU

“互联网 +”时代公共数字文化工程的服务模式转变研究

温　泉　著

责任编辑　连景岩

首都师范大学出版社出版发行

地　址　北京西三环北路 105 号

邮　编　100048

电　话　68418523（总编室）　68982468（发行部）

网　址　http: //cnupn.cnu.edu.cn

印　刷　北京印刷集团有限责任公司

经　销　全国新华书店

版　次　2023 年 6 月第 1 版

印　次　2023 年 6 月第 1 次印刷

开　本　787mm×1092mm　1/16

印　张　6.25

字　数　157 千

定　价　39.80 元

前　言

preface

早在2011年，文化部在《关于进一步加强公共数字文化建设的指导意见》中提出，重点实施文化共享工程、数字图书馆推广工程和公共电子阅览室建设计划三大公共数字文化惠民工程。2019年，为进一步统筹管理、协调推进三大工程，文化和旅游部办公厅印发《公共数字文化工程融合创新发展实施方案》，将三大工程深度融合、转型升级为公共数字文化工程。经过“十二五”“十三五”期间的重点建设，全国初步建立了公共数字文化服务网络，构建了分级分布式数字文化资源库群，为人民群众提供了丰富快捷的数字文化服务，全国公共图书馆、文化馆服务水平整体提升，公共文化服务向着信息化、网络化、智能化发展。

进入“十四五”时期，我国迈进新发展阶段，当前也是推进社会主义文化强国建设的关键时期。“十四五”规划提出，完善公共文化服务水平，创新实施文化惠民工程，提升基层综合性文化服务中心功能，广泛开展群众性文化活动。2022年，党的二十大报告提出“实施国家文化数字化战略，健全现代公共文化服务体系，创新实施文化惠民工程”，通过文化数字化战略和创新实施文化工程已成为全党战略任务，为建设文化强国指明了发展方向，健全现代公共文化服务体系成为新时代文化高质量发展的进一步要求。

作为现在公共文化服务体系的重要组成部分，公共数字文化工程应紧跟党和国家战略部署，应时而动，推动服务内容和方式创造性转化、创新性发展。公共数字文化工程在“互联网+”环境下如何高质量发展？如何让公共数字文化工程所提供的服务内容进一步贴近人民群众的文化需求？如何让服务的方式方法进一步适应人民群众的使用习惯？如何践行社会主义核心价值观、营造风清气正的文化氛围？这些问题都成为公共数字文化工程在“建设文化强国”“建设网络强国”背景下升级转型的领题立项、破题见效的关键。

笔者有幸见证并参与了公共数字文化工程十余年来的发展建设，在此契机下，笔者以“互联网+”时代公共数字文化工程的服务模式转变研究为题，总结、分析我国公共数字文化工程服务模式和现状，系统调研国外类似项目的实践，调研我国公共文化领域的创新服务、转变趋势，分析文化服务传播特点和公众数字文化需求。在此基础上，提出既能适应当前现实需求又能满足未来发展的基本服务策略，提出公共数字文化工程服务评价体系和应用方法，力争探索我国公共数字文化服务在“互联网+”时代提质增效的最佳路径，为公共数字文化工程、各类公共文化机构提供服务创新的参考借鉴。

本书共分为8章，第1章主要从研究背景、研究现状、研究内容及意义对本研究进行概述。

第2章对公共数字文化工程服务模式及现状进行研究。通过对工程根本目的、供给主体、服务内容、服务途径等基本要素的分析，提出工程“数字资源供给+数字文化活动参与”的基本服务模式。从经费投入和产出角度，对“十三五”期间工程建设的重点进行了量化直观的分析。进而总结工程服务存在的差距，如资源内容和结构还不能充分满足公众需求、服务手段滞后于信息技术发展、社会化程度不足等问题。

第3章重点调研“互联网+”环境下国外公益性文化机构及项目的服务实践。通过对国外公益性数字文化项目服务主体、服务内容、服务渠道、服务特点等内容的分析，并结合我国实际情况进行对比，总结提出社交媒体的推广、深入挖掘揭示文化资源、吸引多元化社会力量参与、加强用户沟通和反馈等经验。

第4章重点调研国内“互联网+公共文化”服务创新探索。结合近年来我国公共文化领域、文化机构以数字化、网络化手段开展的创新实践案例，归纳了新技术应用创新、营销推广模式创新、线上线下服务一体化、社会化合作、文旅融合五个方面的创新路径，并总结了这些创新服务案例给工程带来的经验启示。

第5章系统调研公众对文化及公共数字文化服务的参与情况及需求，全面梳理公众数字文化服务需求趋势。整体参与情况包括：公众对文化的需求呈现出多元化倾向、文化参与和文化供给都在增长。数字文化参与情况包括：数字阅读、网络视听、在线直播等数字文化服务接触率明显上升；公众对数字文化服务的内在品质越来越重视，内容吸引力、使用体验成为公众使用数字文化服务最关心的问题；公众对图书馆、文化馆公共数字文化服务满意度整体较高，但对服务优化抱有更高期待。同时，调研发现公众对公共文化的数字化服务接受度较高；对资源和服务的需求更加主动和个性化；对资源和服务的使用更偏向碎片化。

第6章提出“互联网+”时代公共数字文化工程的服务策略，形成资源供给到活动参与、线上服务到线下空间的全链条服务策略。其中，资源服务的策略提出数字资源是公共数字文化工程服务的基础，应转变资源建设的选题思路、优化调整适用于移动服务的资源结构、通过资源的细粒度标引实现知识聚合服务。线上服务的策略提出可以积极应对服务分众化、信息碎片化、内容轻量化的趋势，为不同的资源和服务匹配合适的服务渠道，通过数据的反馈找到合适的服务路径，并以业界联动、用户联动为策略形成服务合力。线下空间的策略提出要利用好各级公共文化机构现有空间，提升数字化服务能力，发挥线下服务对资源和服务的导流作用，最终形成O2O的闭环服务。组织活动的策略提出要通过各类活动吸引公众参与文化娱乐，借助互联网开展常态化的在线活动，并注重线上线下活动的联动和相互促进，形成互联网公共文化的服务品牌。此外，资源服务策略、线上服务策略、线下服务策略、活动服务策略中探讨了加强技术应用、各类公共文化机构之间协同服务、开展社会化合作的策略。

第7章提出以服务效果为导向的公共数字文化工程服务评价体系及应用方法。评价指标可根据评价工作的实际情况进行选择或拓展，采用层次分析法（AHP）与模糊综合评价法（FCE）集成的应用方法，把定性评价转化为定量结果，解决了评价结果模糊、难以量化的问题。评价体系能够应用在公共数字文化工程、各级公共文化机构的数字化服务考核及评价工作中。

第8章主要对本研究进行简要总结，分析研究局限，并对未来工程的发展进行思考与展望。

不可否认，课题的研究成果也存在一些不足之处，比如文献调研、网络调研、电话访谈等是课题的主要调研方式，因严峻的疫情防控形势，缺乏针对各机构的实地调研。课题所开展的公共文化需求调研，采用网络问卷的形式开展，虽然尽量兼顾全国不同地区、城镇与乡村地区的投放，但广泛性和代表性存在不足，不能避免样本的局限性。以往公共文化服务的供给集中在图书馆、文化馆等公共文化机构，互联网环境下，非政府机构提供的具备公益属性、公共属性的文化资源和服务越来越多，课题对此研究不够充分、不够深入。总之，公共数字文化服务这一宏大的命题，仍有待后续更加深入的研究。

在课题研究的过程中，课题组成员刘溪、李晓彤、高馨、任通、毛嘉瑞、姜晓曦、薛尧予一起参与课题讨论，做了大量的调研工作；文化和旅游部公共文化服务处王来、全国公共文化发展中心张梦宇、北京大学图书馆邵燕等业界同仁提供了政策、数据方面的帮助。在此谨向他们致以诚挚的谢意！同时，衷心感谢首都师范大学出版社的副总编辑连景岩、编辑刘雨佳，她们为本书的出版提供了大力支持和帮助。由于笔者的水平所限，书中难免有疏漏之处，望学界同仁和各位读者指正。

“芳林新叶催陈叶，流水前波让后波”，文化产业千帆竞发，文化事业百舸争流，公共数字文化工程也在不断地发展、进化。“十四五”时期，全国智慧图书馆体系建设和国家公共文化云成为公共数字文化工程的重要方向，虽然具体内容和表现形式发生了变化，但为人民群众提供优质数字资源和服务是公共数字文化工程始终不变的根本特质及核心价值。未来，相信公共数字文化工程一定会继续坚定以人民为中心的立场，守住为人民服务的初心，坚持守正创新，不断提供更高质量、更有效率、更加公平、更可持续的公共数字文化服务，保障人民群众文化权益，满足人民群众精神需求，推进文化自信自强，铸就社会主义文化新辉煌。

温泉

2023 年 3 月

目　录

contents

第1章 绪 论

1.1 研究背景

随着互联网技术不断发展，社会各个行业加速了网络化、数字化转型，原文化部自2011年起面向全国各级公共图书馆、文化馆陆续统筹实施了全国文化信息共享工程、数字图书馆推广工程、公共电子阅览室建设计划等重点数字文化惠民工程，并在“十二五”到“十三五”期间形成了公共数字文化工程的建设格局，成为公共数字文化建设的重要抓手，对我国现代公共文化服务体系建设起到了重要推动作用，整体提升了全国各级图书馆、文化馆的信息化、数字化、网络化建设与服务能力。然而，顺应信息技术的加速发展趋势，物联网、大数据、云计算等新一代信息技术释放了巨大的能量，互联网思维对传统行业发展模式产生了巨大影响，面对“互联网+”时代，公共数字文化工程发展环境正在经历急剧的变化，同时随着《中华人民共和国公共服务保障法》《关于积极推进“互联网+”行动的指导意见》等一批法律、政策文件的颁布与实施，公共数字文化工程迎来了全新的发展阶段。

1.1.1 信息技术环境

现代社会，信息技术创新迅猛，智能化、网络化、数字化升级进程加速。习近平总书记多次指出：“我们正处在新一轮科技革命和产业变革蓄势待发的时期，以互联网、大数据、人工智能为代表的新一代信息技术日新月异。”各国经济社会发展正在经受新一代信息技术对战略性和全局性的影响，“互联网+”行业变革正向纵深发展。马化腾作为持续推动“互联网+”行动的探索者，曾多次提出“未来的互联网是在云端用人工智能处理大数据”。Garter公司每年发布十大战略科技发展趋势，并预测这些趋势未来三到五年内会迅速增长，随着影响范围和应用场景的不断突破，将对社会发展带来颠覆性影响。从2018年至2020年的报告中可以看出，与互联网直接相关的重要技术有：一是提升计算能力的技术，如边缘赋能、分布式云；二是智能化的技术，如智能应用与分析、自主化物件、智能物件；三是加强网络链接的技术，如实用型区块链、智能空间；四是关注人的感受和体验的技术，如沉浸式体验、人体机能增强、多重体验等[1, 2, 3]。另外，阿里巴巴达摩院发布的2019年和2020年十大科技趋势报告曾提及：“以智能化为主导的技术发展即将迎来爆发期。”这些趋势中各类技术互相叠加，不断迸发出令人惊讶的创新应用，例如，人工智能技术不断扩大感知能力、突破认知能力，促进了智能城市、端云一体语音智能设备、自动驾驶的发展；5G通信技术的落地将逐渐促进虚拟现实（VR）、增强现实（AR）、混合现实（MR）、超高清视频等沉浸式交互技术成熟起来；生物识别技术、IoT设备、区块链技术，让人和各类设备实现更广泛、更安全的网络链接，大规模人机、机器协同成为可能[4, 5]。

当前，新一轮世界科技及产业变革，促进了互联网与各领域的加速融合，引发了社会经济、政治、文化的巨大变革，传统行业包括医疗、教育、旅游、交通、传媒、餐饮、汽车等在内，都在积极地利用“互联网 +”创新服务模式。纵观文化行业，以网络文学、网络演出、网络音乐等为代表的互联网文化产业不断壮大，以快手、抖音等短视频应用为代表的文化内容生产和传播方式不断变化，以“故宫展览”“国家大剧院古典音乐频道”为代表的网站、APP 等带动了传统文化学习的热潮。各类公共文化机构也在创新开展“互联网 + 公共文化服务”，不断探索加大新技术的应用，来满足人民群众对美好生活的期待。

1.1.2　政策环境

2015 年国务院政府工作报告中首次将“互联网 +”行动计划列入，并印发《关于积极推进“互联网 +”行动的指导意见》等一系列政策文件，标志着“互联网 +”正式成为我国重要的国家发展战略。此后连续五年，“互联网 +”频频被写入国务院政府工作报告中。2016 年政府工作报告提到“落实‘互联网 +’行动计划，增强经济发展新动力”“发挥大众创业、万众创新和‘互联网 +’集众智汇众力的乘数效应”。2017 年政府工作报告指出“推动‘互联网 +’深入发展、促进数字经济加快成长，让企业广泛受益、群众普遍受惠”。2018 年政府工作报告又进一步提出“‘互联网 +’广泛融入各行各业”“加强新一代人工智能研发应用，在医疗、养老、教育、文化、体育等多领域推进‘互联网 +’”。2019 年政府工作报告再次提到“全面推进‘互联网 +’，运用新技术新模式改造传统行业”“加快在各行业各领域推进‘互联网 +’”。2020 年政府工作报告强调“电商网购、在线服务等新业态在抗疫中发挥了重要作用，要继续出台支持政策，全面推进‘互联网 +’，打造数字经济新优势”“发展‘互联网 + 医疗健康’”。“互联网 +”被连续写入国务院政府工作报告，体现了我国政府对其高度重视，以期让互联网技术创新，引领传统行业变革焕发出强大生机活力。

与此同时，国家公共文化行业政策也不断强化“互联网 +”对公共文化事业的赋能作用。2017 年原文化部印发的《文化部“十三五”时期文化发展改革规划》提出“重点推动‘互联网 +’对传统文化产业领域的整合”等措施；《“十三五”时期全国公共图书馆事业发展规划》重点任务强调“各公共图书馆加强互联网等新技术应用，推广线上线下互动的服务模式，提升数字化服务能力”；《“十三五”时期繁荣群众文艺发展规划》重点任务同样指出，要“运用现代科技推动群众文艺工作，探索‘互联网 + 群众文艺’创作与传播新模式，丰富公共文化服务的内涵，不断提高全民文化艺术素养”[6]。科技部等六部门于 2019 年 8 月联合印发的《关于促进文化和科技深度融合的指导意见》中提到，要“利用物联网、云计算、大数据、人工智能等新技术对公共文化服务和文化产业进行全方位、全链条的改造，推动文化数字化成果走向网络化、智能化”[7]。

在公共数字文化领域，2017 年 3 月颁布实施的《中华人民共和国公共文化服务保障法》第三十三条规定：“国家统筹规划公共数字文化建设，构建标准统一、互联互通的公共数字文化服务网络，建设公共文化信息资源库，实现基层网络服务共建共享；地方各级人民政府应当加强基层公共文化设施的数字化和网络建设，提高数字化和网络服务能力”[8]。2017 年 7 月印发的《文化部“十三五”时期公共数字文化建设规划》提出，要“打造基于新媒体的数字图书馆服务业态，提供‘互联网 + 借阅’‘互联网 + 信息服务’”，同时也提到“鼓励各级公共文化机构利用互联网、新媒体等手段，扩展公共数字文化服务传播渠道”等措施[9]。文化和旅游部办公厅于2019年4月发布《公共数字文化工程融合创新发展实施方案》，将“加强云计算、大数据、人工智能等现代科技应用，创新公共数字文化服务业态，促进工程转型升级和服务效能提升”作为公共数字文化工程融合发展的基本原则之一[10]，更加突出了现代科技在公共数字文化工程中的地位和作用，为公共数字文化工程转型升级提供了政策依据和指导。

1.2 研究现状

《文化部公共数字文化工程管理办法》提出“公共数字文化工程是文化部、财政部组织实施的全国文化信息资源共享工程、数字图书馆推广工程、公共电子阅览室建设计划的统称”，同时根据《“十三五”时期公共数字文化建设规划》等相关政策文件对公共数字文化、公共数字文化工程的要求，研究现状应直接包括上述“公共数字文化工程服务”的研究现状，同时考虑到大量工程服务的建设成果实际上成为了公共数字文化服务的重要组成部分，研究现状也将“公共数字文化服务”纳入研究视野。

1.2.1 研究计量分析

最终经过对文献进行预检索、优化检索策略后，确定检索范围为公共数字文化服务和公共数字文化工程服务，其中包括推广工程服务、共享工程服务、公共电子阅览室服务等。以中国知网期刊数据库为数据源，以主题检索形式，查找检索式“主题＝公共数字文化服务 or 公共数字文化工程服务 or 推广工程服务 or 共享工程服务 or 公共电子阅览室服务”。同时，设定检索时间为2016年至不限年，来源类别为核心期刊和CSSCI。最终从检索结果中剔除通知、通告、新闻等非学术性文献，以及与主题不相关的文献后，获得有效文献85篇。经过数据格式处理后将记录导出保存获得样本文献数据。利用CiteSpace工具对“公共数字文化工程服务”已有研究进行关键词词频分析、聚类分析、研究热点前沿分析等，并做知识图谱的可视化展示。

（1）关键词词频分析

将85篇样本文献数据导入CiteSpace，时区设置为2016年至2020年，时间切片选择1，主题聚类词来源选中Title、Abstract、Author Keywords及Keywords Plus，节点类型选中Keywords，阈值设为（2，2，20），（4，3，20），（3，3，20），并选择Pathfinder算法（寻径算法）及Pruning the merged networks（修剪合并的网络）进行分析。得到结果后，在控制面板的Labels中选择BY Freq为首选条件，从而生成关键词共现网络图谱，如图1-1所示。

图1-1表明研究领域集中度较高，已形成初具规模的学术研究网络。其中位列前三名的是“公共数字文化服务”“公共数字文化”和“公共文化服务”。

为了使图表更加清晰地呈现出研究网络的重要节点，本课题选择出现频次和中介中心性较高的关键词进行展示分析。中介中心性表示某一结点充当其他两个结点之间最短路径的桥梁的次数，结点作为“中介”的次数越高，中介中心度就越大。因此选择中心性≥0.02且词频≥2的关键词，得到高频关键词列表（表1-1），获取有关“公共数字文化工程服务”领域研究的19个高频关键词。

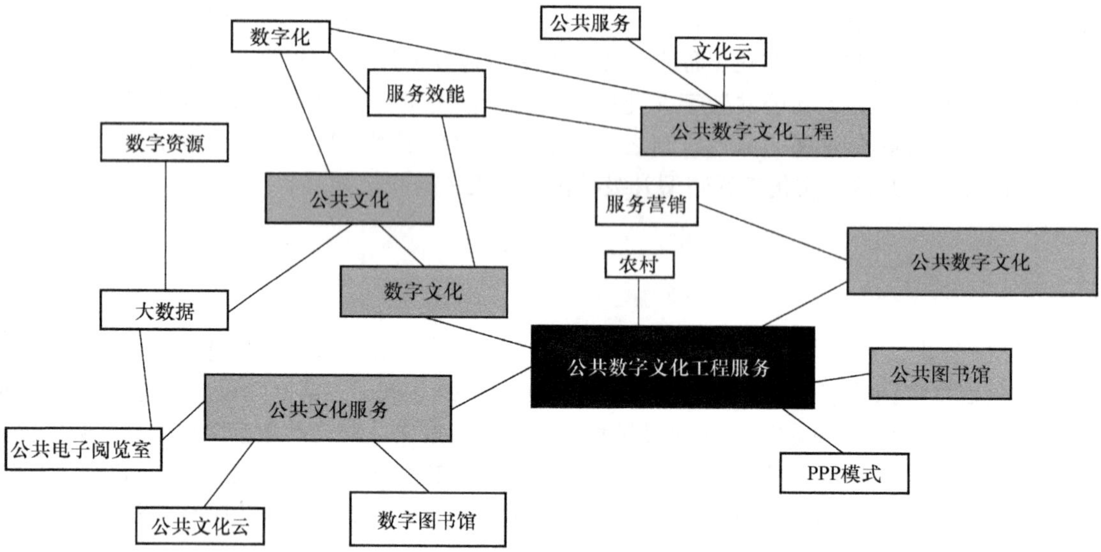

图 1-1 "公共数字文化工程服务"关键词共现网络图谱

表 1-1 "公共数字文化工程服务"高频关键词列表

序号	中心性（Centrality）	词频（Count）	初现年份（Year）	关键词（Keywords）
1	0.69	30	2016	公共数字文化服务
2	0.61	4	2017	数字文化
3	0.48	7	2016	公共数字文化工程
4	0.40	4	2017	服务效能
5	0.36	19	2016	公共数字文化
6	0.36	17	2016	公共文化服务
7	0.31	7	2016	公共文化
8	0.28	3	2016	大数据
9	0.25	2	2016	公共电子阅览室
10	0.17	5	2016	公共图书馆
11	0.11	2	2018	公共服务
12	0.08	4	2016	数字图书馆
13	0.07	3	2018	数字资源
14	0.05	3	2020	PPP 模式
15	0.05	3	2017	数字化
16	0.04	2	2018	文化云
17	0.03	3	2018	服务营销
18	0.02	2	2019	农村
19	0.02	2	2018	公共文化云

（2）关键词聚类分析

自动聚类标签视图是通过谱聚类算法生成的知识聚类，该聚类能够展示出不同研究领域的知识结构[11]，可以更加准确地找到“公共数字文化工程服务”的研究热点。因此本课题利用 CiteSpace 工具对样本数据进行聚类分析，并通过 LLR 算法（对数似然率算法）提取数据标签为聚类命名，得到“公共数字文化工程服务”高频关键词共现聚类图谱，如图 1-2 所示。

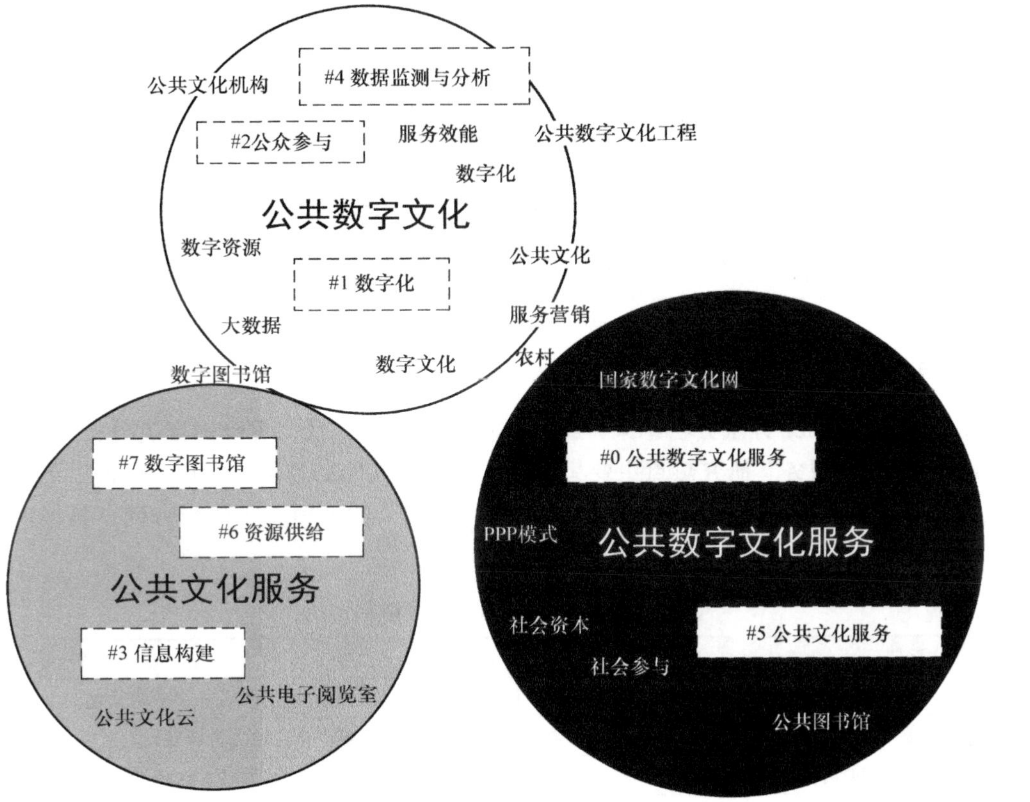

图 1-2 “公共数字文化工程服务”高频关键词共现聚类图谱

基于“对数似然率算法”将关联度较高的关键词进行聚类，提取出表 1-2 中的 8 个聚类词，每个聚类标签都是由多个紧密相关的词组成的顺序，从 #0 到 #7，数字越小，代表聚类规模越大、包含的关键词越多，同时各聚类的轮廓值（Silhouette）在 0.7 以上，说明该学术网络聚类结构合理，且各模块之间存在一定关联，并具有较高的独立性。由表 1-2 可以看出标签词之间存在着一定的联系，又具有各自特征，显示出学者对“公共数字文化工程服务”研究的重点。

表 1-2 “公共数字文化工程服务”聚类关键词列表

聚类词（Cluster ID）	聚类规模（Size）	聚类轮廓值（Silhouette）	关键词（Keywords）
#0 公共数字文化服务	23	1	PPP 模式、农村、互联网影响力、云技术、合作平台、合作治理、个性化阅读、社会参与
#1 数字化	16	0.939	数字文化、服务效能、公共文化、文化治理、一站式、文化服务体系建设

（续）

聚类词（Cluster ID）	聚类规模（Size）	聚类轮廓值（Silhouette）	关键词（Keywords）
#2 公众参与	14	0.929	信息资源管理理论、云计算平台、数据共享、公共文化机构、数据集成、云平台
#3 信息构建	14	1	公共文化云、O2O、信息组织、数字文化服务、“互联网 +”、数字版权
#4 数据监测与分析	9	0.919	服务评估、基本公共文化服务均等化、创新融合发展、供给要素、微信服务
#5 公共文化服务	9	0.998	公共图书馆、服务品牌、基层信息服务、数字资源整合平台
#6 资源供给	7	0.947	大数据、数字资源、文化资源、合作供给
#7 数字图书馆	7	0.902	国家数字图书馆、“十二五”时期、区块链、云服务

1.2.2 研究内容分析

根据上述 CiteSpace 计量分析结果，综合“高频关键词”及“关键词聚类分析”结果来看，“公共数字文化工程服务”研究热点主要集中在：关注“人”的需求、聚焦“资源”的利用、借力“技术”的加持、拓展“渠道”的形态、探索“机制”的创新五个研究方向。具体内容框架如表 1-3 所示。

表 1-3 研究热点整理结果

归类	热点
关注“人”的需求	农村、供给要素、有效供给、供需矛盾、服务均等化
聚焦“资源”的利用	信息资源建设、资源整合、地方资源建设
借力“技术”的加持	一站式、文化云、大数据、云服务、区块链
拓展“渠道”的形态	服务营销、新媒体营销、移动服务、微信服务
探索“机制”的创新	PPP 模式、企业参与、公众参与、服务效能、服务评估

（1）关注“人”的需求

公共数字文化建设作为公共文化服务体系建设的重要组成部分，对于消除数字鸿沟，满足人民群众不断增长的精神文化需求具有重要意义[12]。满足公众需求是公共数字文化工程服务的根本目的。从学术界研究的热点来看，可以归纳为两个方面，即公共数字文化服务供给以及公共数字文化均等化研究，其中有效供给是手段，实现均等化是目标。

1）服务供给研究。现阶段公共数字文化服务存在着与群众文化需求缺乏有效对接、服务效能不高等问题。解决该问题的最佳途径是以群众需求为导向，促进供需有效对接。有关服务供给的研究，学者们主要通过实证调查开展。戴艳清等认为由于文化机构缺少对公众多元化的文化需求的调研，直接导致了公共数字文化工程的供需错位，提出公共数字文化工程要素配置应打通供给侧与需求侧的沟通渠道[13]。从调研内容看，主要以农村公共数字文化服务为主，学者们总结出供需矛盾主要包括供给主体单一、缺少共享意识[14]、特色服务相对缺乏[15]、需求上升与多样、供给不足及滞后[16]、宣传力度不足、知晓度不高、利用率低[17]等方面，并提出落实服务供给、重视实际需求、丰富供给内容、加大沟通及宣传力度等对策。

2）服务均等化研究。全面推进公共文化服务均等化是“十三五”时期文化发展改革规划的重点任务，要从城乡均等、区域均等、群体均等三方面着手实现[18]。研究表明我国公共数字文化服务区域均等化水平较低，整体呈现出东部超前、直辖市优势、西部居中、中部下沉、自治区短板的态势[19]。为合理解决上述不均等问题，学术界进行了积极的讨论与探索。完颜邓邓等发现区域公共数字文化服务发展水平与区域经济水平和国家政策、财政偏向存在密切关系[19]。肖希明等提出构建全覆盖的农村基层服务网络，建议通过工程项目建立合作与帮扶机制，以数字化手段促进公共文化服务均等化的发展[20]。倪佳以“数字湖南”为例，提出加快构建农业农村信息综合服务体系，以解决农民“信息贫困”的现实问题[21]。

（2）聚焦“资源”的利用

公共数字文化资源建设一直以来秉持“需求导向、分工合作、共建共享”原则。作为公共数字文化工程服务的基础，“资源保障”遵循“优化结构，盘活存量”要求，“十三五”时期，数字文化资源的存量与质量得到有效提升。在此期间，学术界也对资源整合与服务利用开展了更加深入的研究，内容主要涉及资源整合平台构建、资源平台服务实例，以及跨机构的数字文化资源服务等。平台构建方面，韩萌针对构建资源整合平台存在的特定馆藏整合为主、元数据标准不统一、“信息孤岛”现象等短板，提出通过建设工程资源整合平台，实现全国数字资源检索服务的无缝集成[22]。服务实例方面，卢家林等总结了共享工程的资源成果、建设模式、参与主体等，提出加强资源建设顶层设计、有序引入新的资源形式等建议[23]。周永来提出“文化淮安”资源整合模式，通过云数据实现公共数字文化资源一站式整合与服务[24]。跨机构的资源整合服务包括优化配置图、文、博、美等机构的各类数字文化资源。李白杨等构建了跨机构资源检索系统的整体框架，并阐述重视标准化、协同构建等具体实施方案[25]。唐义等对文化共享工程的整合模式进行了优化，提出应以提供“一站式”数字文化资源融合服务为目标，最大限度整合图、文、博、美等数字文化资源，构建中华数字文化资源集成中心[26]。

（3）借力“技术”的加持

依托大数据、云计算等新一代信息技术，公共数字文化服务在用户管理、数据资源、应用服务等多层面实现提档升级。从研究热点看，平台技术研究主要涉及一站式公共数字文化服务和新兴技术应用。

1）一站式公共数字文化服务。结合中央财政支持的公共数字文化建设项目，重点建设一站式公共数字文化服务平台等，是“十三五”时期公共数字文化建设规划的重要任务之一[9]。得益于政策法规的支持，国家及各地文化服务机构相继建立了公共数字文化服务平台，实现了地区公共数字文化资源的共享与互联互通，强化了公众参与公共文化服务的主动性[27]。学者们从理论建设与实践经验总结两方面论述了一站式公共数字文化平台服务。理论层面，徐望依托智慧城市、智慧社区建设，提出应打造“全栈式”的“文化云”平台[28]；王淼等基于SaaS架构提出构建智慧公共文化服务云平台[29]。实践应用方面，向江等构建了面向全国的公共数字文化共享云服务平台的架构设计和构建方法，并介绍了平台在全国的部署与服务情况[30]；陈则谦、廖嘉琦等学者调研了全国多地区公共数字文化服务平台的建设现状、系统功能及承载资源与服务情况，发现APP、微信公众号等新媒体是文化云服务的主要服务渠道，且存在服务资源不够充分、服务内容等相似度较高、易用度较低等问题[31]，还应在信息组织和构建过程中重视利用多媒体、大数据、云计算等前沿技术手段提升用户体验等[27]。

2）新兴技术应用。新兴技术在公共数字文化服务领域的应用理论研究是当前的热点，主要探讨大数据、区块链、云计算等新技术对公共文化服务革新的影响。刘炜等提出大数据的主要作用应体现在洞察文化需求、优化资源配置、精准靶向用户、拓展服务渠道等智慧型服务方面，并从大数据助力公共文化服务的角度，提出加强顶层设计、打造数据驱动的新型公共文化服务链及加快公共文化服务大数据应用示范等对策[32]。魏大威等认为区块链的技术特性符合数字图书馆公共文化服务的技术发展方向，可以有效促进各类服务资源、主体、客体的有机融合，以及跨地域、跨机构的优势互补，同时分析区块链技术在公共数字文化服务中的应用[33]。童忠勇等利用云计算技术，构建了一套推广工程云服务体系，并分析其为各级图书馆提供的云计算支撑环境[34]。

（4）拓展“渠道”的形态

随着信息技术快速发展和信息交流方式更迭，社会公众的信息需求以及获取信息途径等都发生了根本性变化[35]，公共数字文化工程始终以公众需求为导向，通过畅通传播渠道、创新服务方式，精准对接社会公众文化需求，从而提供多层次、多样化的数字文化服务。从学术界研究的热点来看，可以归纳为公共数字文化服务营销研究及新媒体服务渠道运营研究两个方面。

1）公共数字文化服务营销研究。公共数字文化服务营销渠道主要包括报纸、电视、门户网站等传统营销媒介，以及以移动端和 PC 端为工具、依托新媒体渠道的新型营销模式等。从研究热点看，主要涉及国外营销经验借鉴以及国内营销实践。戴艳清等介绍了英国“文化在线”项目[36]和美国大型公共数字文化项目[37]等国外服务营销实践，提出注重探知用户服务需求，多渠道、多角度传播公共数字文化，丰富个性化服务方式，加强合作营销等启示。韦楠华通过开展公共数字文化建设与服务的调查，分析我国公共数字文化服务营销潜在问题，提出开展数字文化精准营销、构建多元服务营销体系、完善服务营销保障机制等对策[35]。戴艳清等基于 7Ps 营销理论分析“国家数字文化网”服务营销策略，从完善资源建设、改善服务营销方式等方面提出改进意见[38]。

2）新媒体服务渠道运营研究。移动互联网时代，用户获取信息、接受服务的习惯正在发生改变，以移动互联网思维为服务指导的交互性移动应用，给予用户更好的移动互联体验[39]。同时随着“以用户为中心”的互联网思维逐渐融入公共数字文化服务的环节中，新媒体服务的开展将通过更深层面地挖掘用户数据、调整服务内容与方式，满足用户需求。其中苏明忠利用国家图书馆移动服务数据，分析得出移动用户的服务使用情况及阅读习惯等[40]。高馨等借助微信数据统计功能，对公共图书馆建立微信服务用户行为数据监测体系，并将其应用于运营和调整“数字图书馆推广工程”微信公众号中[41]。

（5）探索“机制”的创新

合理的机制措施是保障公共数字文化服务高效运转的基础，其中通过完善公共数字文化内容建设、标准规范制定、绩效考核评价工作机制等，鼓励和支持社会力量参与公共数字文化建设与服务[9]是重要途径。从学术界研究热点看，主要涉及社会力量参与和服务绩效评估等。

1）社会力量参与研究。引入社会力量参与是创新公共数字文化服务机制的重要举措，能够有效激发公共数字文化建设活力，提高资源配置效率。随着相关文化政策的颁布实施，社会力量越来越广泛地参与到公共数字文化服务领域。社会力量参与公共数字文化服务能够有效补充公共数字文化服务在资金、资源、设施、技术等方面的需求[42]。目前，公共数字文化服务参与主体主要包括非营利性组织、营利性组织和公民个人[43]，根据主体承担比重的差别，田蓉等按主导对象将社会力量参与公共数字文化服务供给模式分为政府主导、社会力量主导和合作共建三种模式[44]。此外，学者们在实践层面也已做出有益尝试，唐义等以“韵动株洲”云平台为例，探讨PPP模式的运营机制[45]。谭必勇等介绍了谷歌公司实施艺术计划的案例，论述企业参与公共数字文化服务的优化路径[46]。

2）服务绩效评估研究。随着公共数字文化服务体系的不断深化，公共数字文化服务绩效考核的导向作用越发重要，对绩效考核的要求也越来越高。目前，公共数字文化服务绩效评估的研究主要涉及评价方法、评价主客体、评价指标设定和评价模式的研究。评价方法主要有文献调研法、案例分析法、实验研究法、追踪访谈法和灰色关联度评价方法等。评价主体主要包括公共文化机构和社会公众；评估客体包含网站影响力、平台体验、公共数字文化工程评估考核等，针对不同的评价客体，现有研究已有多种评价指标体系，包括基于主观经验归纳、用户、绩效评估等视角。其中，钱丹等构建了用户采纳公共数字文化服务的计划行为理论模型，根据不同地区服务用户的期望提出相应的建议[47]；温泉等建立公共数字文化工程建设综合评价模型，对若干省级实施单位进行实证评价验证[48]；戴艳清等构建的用户体验评价模型，从感官体验、内容体验、功能体验、服务体验、价值体验、情感体验6个评价维度进行评价[49]；吴高等对公共数字文化工程、公共图书馆第六次评估定级等考核实践存在的问题进行了全面分析，进一步完善了绩效评价机制[50]。

1.2.3 研究的特点与不足

公共数字文化工程因其服务特性以及时代赋予的责任，自建设之初即具备公益性、指导性及一定的前瞻性。从国内学者的研究热点看，密切跟踪政策动向，既有实践基础上的理论概括，也有从理论到实践的落地。总体而言，已有研究呈现出以下特点。

一是公共数字文化服务层面研究相对完整。从公共数字文化工程服务研究主题看，涉及用户需求、平台建设、技术应用、服务渠道、管理机制等，且理论研究与实践研究兼顾，成果较为丰富。戴艳清、肖希明、完颜邓邓等学者在社会力量参与、服务营销、服务供给等方面开展专题系列研究，并取得了较为扎实的阶段性成果，对公共数字文化工程建设与服务起到了重要的推动作用。

二是政策支持是开展公共数字文化服务研究的重要保障。中央在政策制定与立法层面对公共数字文化工程服务起到了引导作用，也促进了相关研究的开展。公共数字文化工程建设与服务作为公共文化服务的政策概念，业界学者较多以此为遵循，虽然对政策的推进起到积极作用，但另一方面也使得部分研究未能跳出既定概念，缺乏创新性。

同时，相关的研究也存在缺乏实践经验分析、基于用户需求的研究稍显不足、关键领域研究有待深入开展等问题。公共数字文化工程服务的相关研究还可从以下几方面进行更加深入的探讨与思考。

一是通过开展实践应用研究，带动公共数字文化工程服务理论及内容的研究。公共数字文化工程在平台建设、资源建设、服务推广等方面取得了丰硕的成果，各地也相继建立了特色服务品牌，并积累了丰富的实际工作经验。未来应进一步加强公共数字文化工程服务实践的总结与反思，弥补自身短板，向业界推广有益的建设与服务经验，并为公共数字文化工程顶层设计提供决策参考。在对公共数字文化服务的实践研究、应用研究中，发现更有普遍性、有推广意义的创新服务案例、服务内容、服务方式。

二是加强对公共数字文化工程服务用户的需求研究。目前，文化产品的丰富多样，使得公众对公共文化服务的需求不断提升，掌握服务对象的特点与需求转变，将有益于提升服务效能。在研究过程中应加强用户数据挖掘、对用户需求展开深入调研，并思考用户需求与资源供给匹配度、用户使用习惯与服务平台之间的关系等问题。同时，不同群体享用公共数字文化服务的适配问题，不同公共文化机构开展服务内容的侧重问题，或许也是相关研究领域需要关注的内容。

1.3 研究的内容及意义

习近平总书记指出"我们迎来了世界新一轮科技革命和产业变革同我国转变发展方式的历史性交汇期"[51]。无论是公共文化服务、公共数字文化工程，还是公共文化机构，都面临着转变发展方式的机遇和挑战。技术环境、政策环境共同推动着公共数字文化工程探索发展建设模式，推动着图书馆、文化馆等公共文化机构创新服务方式。"互联网 +"时代，如何发挥公共数字文化工程对图书馆、文化馆的引导作用，让图文两馆、基层文化服务中心等公共文化机构能够在新时代突破服务瓶颈，拓宽服务渠道，创新服务方式，已成为重要且紧迫的时代任务。

公共数字文化工程的实施，有效推动了图书馆、文化（群艺）馆等公共文化机构开展资源共建共享、数字文化服务，给出了互联网环境下图书馆、文化（群艺）馆等公共文化机构的线上服务路径。但我们注意到在"互联网 +"环境下各行业转型发展的客观现象，一些基本数字信息服务受到了互联网新兴信息服务形态的冲击，一些数字化服务的发展遇到了瓶颈，一些服务的模式不再受到公众关注，一些创新服务还在探索最佳路径。为了破解公共数字文化工程和公共文化机构在建设、服务中存在的瓶颈问题，探索我国公共文化服务在"互联网 +"提质增效的最佳路径，开展公共数字文化工程服务模式转变研究具有很强的现实意义。本课题主要开展以下几方面的研究。

一是归纳公共数字文化工程服务模式及服务现状。梳理公共数字文化服务相关政策体系，重点分析服务的基本属性、基本要素，给出工程现有的服务模式和基本轮廓；总结公共数字文化工程在"十三五"期间的重点建设方向和服务概况，进而分析面对"互联网 +"环境，工程所提供服务的差距，如资源内容和结构还不能充分满足公众需求，服务手段滞后于信息技术发展等。

二是分析对比国外公益性文化机构及项目的服务情况。重点梳理和归纳公益性文化机构和项目的服务开展情况、服务特点等，同时结合我国实际情况进行对比总结，为我国"互联网 +"环境下公共数字文化工程服务的开展提供有益借鉴。

三是总结分析我国各地图书馆、文化馆开展公共数字文化服务的创新案例。通过文献调研和网络调研，总结新技术应用创新、营销推广模式创新、线上线下服务一体化、社会化合作、文旅融合 5 个方面的创新案例。从而分析对公共数字文化工程开展服务的借鉴作用，同时为参与公共数字文化建设的机构提供启示。

四是调查新环境下公众对公共文化服务的需求，分析在互联网接入速度不断提高、移动终端广泛普及、服务普遍智能化情况下的需求变化，包括分析互联网环境下文化信息传播的最新特点、公众网络行为特点、使用偏好及深层原因，并以此对标新时期公共数字文化应采取的服务策略及服务模式。

五是提出既能适应当下需求又能满足未来发展的服务策略，实现公共数字文化工程服务与公众需求对接，优化公共数字文化资源配置的具体策略。提出的策略也适用于各级图书馆、文化馆，能够为其开展新媒体服务、智能化服务、知识化服务提供参考。

六是聚焦工程服务的实际效果，构建了公共数字文化工程服务绩效评价体系。评价体系部分通过分析评价目的、评价对象、评价主体等问题，进而根据本研究提出的公共数字文化工程服务基本模式，结合服务策略，提出了一套有弹性、可拓展、适用各级工程建设机构的服务评价体系，并给出了如何开展评价的操作步骤。

上述研究将对各类公共文化机构开展公共数字文化建设具有积极的借鉴和参考意义。首先，研究内容能够有效探索政府主导的公共数字文化服务的路径，拓展公共数字文化服务的方式，提升公共数字文化工程的组织能力和运行效能。其次，研究成果在有效对接供需、丰富服务手段、优化资源结构等方面，对图书馆、文化馆、博物馆、美术馆等公共文化机构都具有现实意义。研究成果总体上助力构建现代公共文化服务体系，实现业态升级与跨界融合，满足人民群众不断增长的精神文化需求。

参考文献

[1] 搜狐 .Gartner：2018 年十大战略科技发展趋势详解 [EB/OL].（2018-02-08）[2020-09-01]. https：//www.sohu.com/a/221664577_465915.

[2] Gartner Inc.Gartner 公布 2019 年十大战略科技发展趋势 [J]. 科技中国，2018（12）：5-8.

[3] 新浪 .Gartner 发布 2020 年十大战略科技发展趋势 [EB/OL].（2019-10-29）[2020-09-01]. http：//vr.sina.com.cn/news/hot/2019-10-29/doc-iicezzrr5810630.shtml.

[4] 阿里巴巴达摩院 . 达摩院 2019 十大科技趋势 [EB/OL].（2019-01-02）[2020-09-01]. https：//damo.alibaba.com/events/50.

[5] 阿里巴巴达摩院 . 达摩院 2020 十大科技趋势 [EB/OL].（2020-01-02）[2020-09-01]. https：//damo.alibaba.com/events/57.

[6] 文化部 . 文化部关于印发《"十三五"时期繁荣群众文艺发展规划》的通知 [EB/OL].（2017-05-04）[2020-09-01]. http：//zwgk.mct.gov.cn/zfxxgkml/ghjh/202012/t20201204_906374.html.

[7] 科技部中央宣传部中央网信办财政部文化和旅游部广播电视总局 . 科技部等六部门印发《关于促进文化和科技深度融合的指导意见》的通知 [EB/OL].（2019-08-27）[2020-09-01]. http：//www.gov.cn/xinwen/2019-08/27/content_5424912.htm.

[8] 中国人大网 . 中华人民共和国公共文化服务保障法 [EB/OL].（2016-12-25）[2020-09-01]. http：//www.npc.gov.cn/zgrdw/npc/xinwen/2016-12/25/content_2004880.htm.

[9] 文化部 . 文化部关于印发《文化部"十三五"时期公共数字文化建设规划》的通知 [EB/OL].（2017-07-07）[2020-09-01]. http：//zwgk.mct.gov.cn/zfxxgkml/ghjh/202012/t20201204_906376.html.

[10] 文化和旅游部 . 文化和旅游部办公厅关于印发《公共数字文化工程融合创新发展实施方案》的通知 [EB/OL].（2019-04-16）[2020-09-01]. http：//zwgk.mct.gov.cn/zfxxgkml/ggfw/202012/t20201205_916616.html.

[11] 陈悦，陈超美，胡志刚 . 引文空间分析原理与应用 [M]. 北京：科学出版社，2014：41.

[12] 文化部 . 文化部财政部关于进一步加强公共数字文化建设的指导意见 [EB/OL].（2011-11-15）[2020-09-12]. http：//zwgk.mct.gov.cn/zfxxgkml/zcfg/gfxwj/202012/t20201204_906206.html.

[13] 戴艳清，戴柏清 . 创新融合发展背景下公共数字文化工程供给要素配置优化 [J]. 图书馆学研究，2020,（01）：76-82.

[14] 韦楠华，吴高．公共数字文化资源供给的问题、障碍及运行机制 [J]. 图书与情报，2018,（04）：130-140.

[15] 熊春林，赵阳．文化信息资源共享工程农民满意度调查研究——以湖南宁乡为例 [J]. 图书馆，2016,（08）：95-99+103.

[16] 戴艳清，彭雪梦，完颜邓邓．农村公共数字文化服务供需矛盾分析——基于湖南省花垣县的调查 [J]. 国家图书馆学刊，2020，29（02）：16-25.

[17] 完颜邓邓，胡佳豪．欠发达地区农村公共数字文化服务供给与利用——基于湖南省衡南县的田野调查 [J]. 图书情报工作，2019，63（16）：54-61.

[18] 中华人民共和国国务院新闻办公室．从三方面着手推进公共文化服务均等化 [EB/OL].（2015-01-21）[2020-09-12]. http：//www.scio.gov.cn/xwfbh/xwbfbh/wqfbh/2015/20150121/zy32475/document/1392931/1392931.htm.

[19] 完颜邓邓，王子健．我国公共数字文化服务区域均等化实证分析 [J]. 图书馆学研究，2020,（05）：50-58+66.

[20] 肖希明，完颜邓邓．以数字化促进基本公共文化服务均等化的实践研究 [J]. 图书馆工作与研究，2016,（08）：5-10.

[21] 倪佳．"数字湖南"战略与农村基层信息服务新思路 [J]. 图书馆，2017,（08）：107-111.

[22] 韩萌．数字图书馆推广工程资源整合平台构建 [J]. 数字图书馆论坛，2018,（02）：7-13.

[23] 卢家林，王雪梅．文化共享工程资源建设发展新趋势研究 [J]. 图书馆工作与研究，2017,（06）：124-128.

[24] 周永来．基层公共数字文化资源整合研究：以淮安市为例 [J]. 新世纪图书馆，2018,（12）：32-35.

[25] 李白杨，肖希明．公共数字文化资源整合中的检索系统框架设计 [J]. 国家图书馆学刊，2016，25（02）：42-47.

[26] 唐义，肖希明，周力虹．我国公共数字文化资源整合模式构建研究 [J]. 图书馆杂志，2016，35（07）：12-25.

[27] 廖嘉琦．公共数字文化服务平台信息组织与构建模式调研与分析 [J]. 图书馆理论与实践，2020,（01）：130-136.

[28] 徐望．公共数字文化建设要求下的智慧文化服务体系建设研究 [J]. 电子政务，2018,（03）：54-63.

[29] 王淼，经渊．智慧公共文化服务云平台构建研究 [J]. 数字图书馆论坛，2019,（02）：43-50.

[30] 向江，陈移兵，杨毅．全国公共数字文化共享云服务平台研究与设计 [J]. 计算机工程与应用，2018，54（13）：258-265.

[31] 陈则谦．我国文化云的服务现状及展望 [J]. 图书情报知识，2018,（05）：62-71.

[32] 刘炜，张奇，张喆昱．大数据创新公共文化服务研究 [J]. 图书馆建设，2016,（03）：4-8+12.

[33] 魏大威，董晓莉．利用区块链技术驱动国家数字图书馆创新升级 [J]. 图书馆理论与实践，2018,（05）：98-103.

[34] 童忠勇，刘术华，李东杰，等．云计算环境下数字图书馆推广工程服务模式研究 [J]. 新世纪图书馆，2016,（03）：57-60.

[35] 韦楠华，吴高．公共数字文化服务营销推广现状、问题及对策研究 [J]. 图书馆学研究，2018,（17）：61-67.

[36] 戴艳清，陶则宇．英国公共数字文化服务营销及启示——以"文化在线"项目为例 [J]. 图书与情报，2016,（05）：76-80+75.

[37] 戴艳清，孙颖博．美国大型公共数字文化项目服务营销探略 [J]. 图书馆论坛，2018，38（02）：135-141.

[38] 戴艳清，王璐．"国家数字文化网"服务营销策略研究——基于 7Ps 营销理论视角 [J]. 国家图书馆学刊，2018，27（03）：23-29.

[39] 周一萍，朱兵清．图书馆微信服务长效工作模式探析——基于移动互联网思维 [J]. 图书馆杂志，2018，

37（01）：66-73.

[40] 苏明忠．国家图书馆移动服务用户情况分析 [J]. 数字图书馆论坛，2019,（09）：68-72.

[41] 高馨，李晓彤．基于用户行为数据分析的公共图书馆微信服务——以“数字图书馆推广工程”微信公众号为例 [J]. 图书馆杂志，2020，39（06）：56-60.

[42] 肖希明，完颜邓邓．治理理论与公共数字文化服务的社会参与 [J]. 图书馆论坛，2016，36（07）：18-23.

[43] 完颜邓邓．公共数字文化服务中的社会合作研究 [J]. 图书与情报，2016,（03）：55-60.

[44] 田蓉，唐义．社会力量参与公共数字文化服务研究进展 [J]. 图书馆建设，2018,（03）：96-101.

[45] 唐义，徐薇．公共数字文化服务平台 PPP 模式应用研究——以“韵动株洲”云平台为例 [J]. 国家图书馆学刊，2020，29（02）：3-15.

[46] 谭必勇，楚艳娜．公共数字文化服务的企业参与机制——谷歌艺术计划的借鉴与启示 [J]. 浙江档案，2018,（06）：20-23.

[47] 钱丹，陈雅．公共数字文化的一体化服务效能探析 [J]. 图书馆，2017,（06）：60-64.

[48] 温泉，高馨．公共数字文化工程建设评价指标体系构建研究——以数字图书馆推广工程为例 [J]. 图书馆研究，2017，47（06）：33-40.

[49] 戴艳清，戴柏清．中国公共数字文化服务平台用户体验评价：以国家数字文化网为例 [J]. 图书情报知识，2019,（05）：80-89.

[50] 吴高，林芳，韦楠华．公共数字文化服务绩效评价现状、问题及对策分析 [J]. 图书情报工作，2019，63（02）：60-67.

[51] 习近平出席中国科学院第十九次院士大会、中国工程院第十四次院士大会开幕会并发表重要讲话 [EB/OL].（2018-02-08）[2020-09-12]. http：//www.gov.cn/xinwen/2018-05/28/content_5294268.htm.

第 2 章 公共数字文化工程服务模式及现状分析

公共数字文化工程建设的时间跨度大，参与建设的公共文化机构多，所提供服务的资源体量庞大，服务的平台和渠道丰富。对公共数字文化工程服务模式的归纳和分析有助于进一步界定服务内容和相关要素，有助于分析服务各方面的逻辑关系。本章将从服务政策体系入手，重点分析服务的基本属性、基本要素，给出工程现有的服务模式轮廓。此外，对“十三五”时期工程建设服务经费投入的分析，可以直观、量化地看到工程建设的重点方向，从而也能够与经费产生的实际效能对比参考。随着互联网的发展，虽然在不断创新探索公共数字文化工程的服务，但其与快速发展的互联网环境还存在着一些差距。

2.1 公共数字文化工程服务政策体系

公共数字文化工程的提出最早可追溯至 2011 年。原文化部、财政部于 2011 年 11 月 15 日发布的《关于进一步加强公共数字文化建设的指导意见》中提出“重点实施文化共享工程、数字图书馆推广工程和公共电子阅览室建设计划三大公共数字文化惠民工程”。可以看出“公共数字文化惠民工程”这一称谓，强调通过数字化的方式，为人民群众提供公共文化服务，最终落脚在满足人民群众基本文化需求、保障人民群众基本文化权益。

2013 年初，原文化部将文化共享工程、数字图书馆推广工程和公共电子阅览室建设计划纳入“十二五”时期加快构建公共文化服务体系，可以看出原文化部通过工程的实施打造数字文化阵地、网络文化阵地的策略安排，最终“形成内容丰富、技术先进、覆盖城乡、传播快捷的公共数字文化服务网络”。

2015 年，原文化部出台《文化部公共数字文化工程管理办法》。这个管理办法确定公共数字文化工程的范畴，提出了工程的工作任务，明确了工程实施的机构及相应职责，对工程的实施提出一系列的管理办法。管理办法提出“公共数字文化工程是指文化部、财政部组织实施的全国文化信息资源共享工程、数字图书馆推广工程、公共电子阅览室建设计划”[1]。

2017 年 7 月 1 日实施的《中华人民共和国公共文化服务保障法》为公共数字文化提供了法理依据。其中第三十三条规定“国家统筹规划公共数字文化建设，构建标准统一、互联互通的公共数字文化服务网络，建设公共文化信息资源库，实现基层网络服务共建共享”[2]。这里提到的“构建服务网络、建设资源库、实现服务共建共享”明确了公共数字文化工程建设目标和任务。可以说公共数字文化工程是国家统筹规划公共数字文化建设，带动各地公共文化机构创新互联网服务的一种重要措施。

2017 年 7 月，原文化部印发《文化部“十三五”时期公共数字文化建设规划》（公共数字文化工程相关条款摘要见表 2-1），提出了以重点公共数字文化惠民工程为抓手，在更大范围开展公共数字文化建设的目标，进一步完善公共数字文化服务网络，丰富服务资源，提升服务效能，全面提高公共文化管理和服务的信息化、网络化水平，促进基本公共文化服务标准化、均等化[3]。

表 2-1 《文化部“十三五”时期公共数字文化建设规划》公共数字文化工程相关条款摘要

内容	性质
加强国家公共数字文化工程服务平台建设。完善国家公共文化数字支撑平台……继续推进中国文化网络电视、国家数字文化网等新媒体建设，加强宣传推广，提高点击率和用户量。推动县级公共图书馆接入数字图书馆推广工程服务平台，完善数字图书馆推广工程服务网络，促进各级公共图书馆数字资源的整合与共享。	平台建设
统筹推进公共数字文化资源建设。根据不同公共数字文化工程的功能定位和发展目标，合理确定数字资源建设重点和方向，统筹规划公共数字文化资源建设……全国文化信息资源共享工程重点建设与文化艺术普及和基本公共文化服务相适应的资源，数字图书馆推广工程重点建设与公共图书馆服务相适应的资源。	资源建设
全民艺术普及基础资源库……规划和建设覆盖各艺术门类的全民艺术普及基础资源库，满足艺术鉴赏、艺术培训、艺术实践等艺术活动的基本资源需求。 地方特色文化资源库……有重点地建设一批具有鲜明地方文化特点，具有较强代表性和较高历史、人文、科学价值的数字文化资源。 公共图书馆基础资源库建立包括精品电子书、主流期刊报纸、精品公开课的公共图书馆基础资源库……满足不同群体的阅读需求。	资源建设、公众需求
统筹推进重点公共数字文化工程建设。统筹规划、协调推进全国文化信息资源共享工程、国家数字图书馆推广工程和公共电子阅览室建设计划，在网络建设上开放接口、兼容互用，在资源建设上明确分工、突出特色，使各工程互为支撑、形成合力，整体提升服务效能。 开展公共数字文化工程年度考核，发现和解决公共数字文化工程建设中存在的问题，推动公共数字文化工程科学发展。	统筹管理

2019 年 4 月，文化和旅游部办公厅印发《公共数字文化工程融合创新发展实施方案》。方案将原来相对独立的全国文化信息资源共享工程、数字图书馆推广工程、公共电子阅览室建设计划统筹管理，推动工程转型升级，将深度融合、全面整合作为工作着力点[4]。

步入“十四五”时期，国家“十四五”规划和 2035 年远景目标纲要提出完善公共文化服务体系，创新实施文化惠民工程，推进公共图书馆、文化馆、美术馆、博物馆等公共文化场馆免费开放和数字化发展[5]。

2021 年 3 月，《文化和旅游部国家发展改革委财政部关于推动公共文化服务高质量发展的意见》将“加快推进公共文化服务数字化”作为主要任务，要加强智慧图书馆体系建设，提升数字文化馆网络化、智能化服务水平。

可以看出，我国政府长久以来，始终重视公共数字文化、公共文化数字化服务以及公共数字文化工程方面的政策投入，正是多年来持续出台的政策保障，形成了公共数字文化工程的政策支撑体系，公共数字文化工程才能够持续发展。

2.2 公共数字文化工程服务基本属性

公共数字文化工程服务的本质在于通过数字化、网络化的服务方式，以工程的组织形式，提升各级公共文化机构的公共文化服务效能。在网络时代，人民群众的生活习惯、信息获取习惯、文化娱乐习惯发生了巨大变化，文化生活、文化娱乐和文化消费的渠道向互联网迁移、向云端和移动终端迁移，提供数字化的公共文化服务成为了重要的公共文化服务方式。公众不再把图书馆、文化馆、博物馆、美术馆的实体馆舍作为唯一的公共文化服务阵地，也不再作为唯一的公共文化服务获取来源。公共数字文化成为当代公共文化服务的重要内容。

首先，公共数字文化工程服务的内容和产品是公共文化在互联网环境下的转化和延伸，是当代公共文化服务的重要内容。我国的公共文化服务体系建设强调公益性、基本性和均等性，首先要满足群众的基本文化权益。随着信息化、网络化的深入发展，公共文化服务的内容、方式以及人们的信息获取途径发生了重大变化。在我国加快构建现代公共文化服务的视域下，公共文化服务为了更好地适应这一变化，也在不断强化公共文化机构的数字化建设，发挥公共文化网络化、数字化服务的优势。

其次，承担公共数字文化工程建设主体，即各级公共文化机构都承担着公共文化的职能，并将推进网络化、数字化服务作为重点任务。公共图书馆承担着保存人类文化遗产、提供知识信息、传播先进文化、开展社会教育的重要职责，要利用云计算、大数据等信息技术，促进图书馆数字服务手段升级换代，满足用户线上线下的服务需求。文化馆承担了开展群众文化艺术活动，组织辅导群众业余文艺创作和业余文化艺术、娱乐活动，整理展示地方文化遗产的职能，文化馆也在充分运用现代科技推动群众文艺工作，探索“互联网 + 群众文艺”创作与传播新模式。基层综合性文化服务中心是我国文化建设的重要阵地和提供公共服务的综合平台，利用互联网信息技术优势和渠道，利用公共数字文化项目和资源，为基层群众提供数字阅读、文化娱乐、公共信息和技能培训等服务。

因此，无论信息技术如何发展，无论技术变革引发的信息环境如何变化，公共数字文化工程服务的根和魂仍是“公共文化服务”。研究公共数字文化工程服务一定要结合“公共文化服务”这个基本属性。

2.3 公共数字文化工程服务基本要素

正由于公共数字文化工程服务具备“公共文化服务”的基本属性，其服务主体、服务对象与公共文化服务一脉相承，服务内容、服务途径是公共文化服务的有机延伸。公共文化服务指的是由政府主导、社会力量参与，提供公共文化设施、文化产品、文化活动以及其他相关服务，服务目的是满足公民基本文化需求。《中华人民共和国公共文化服务保障法》给出了公共文化服务的基本内容，从各级人民政府的主体责任来看，包括“全民阅读、全民普法、全民健身、全民科普和艺术普及、优秀传统文化传承活动”；从公益性文化单位的职能来看，包括“文艺演出、陈列展览、电影放映、广播电视节目收听收看、阅读服务、艺术培训”；而基层综合性文化服务中心所提供的服务包括“为公众提供书报阅读、影视观赏、戏曲表演、普法教育、艺术普及、科学普及、广播播送、互联网上网和群众性文化体育活动等”。《关于加快构建现代公共文化服务体系的意见》明确了《国家基本公共文化服务指导标准（2015—2020 年）》，其中提出了基本公共文化服务的项目与内容，主要包括读书看报、收听广播、观看电视、观赏电影、送地方戏、设施开放、文体活动。从上述角度切入并拓展到公共数字文化工程的服务，可以将公共数字文化工程服务的要素归纳为服务主体、服务对象、服务内容及服务途径。

2.3.1　工程服务主体与对象

正如所有的公共文化服务一样，公共数字文化工程由政府主导，牵头部委是文化和旅游部、财政部，建设和服务机构包括国家图书馆、文化和旅游部全国公共文化发展中心、各级图书馆和文化馆、基层综合性文化服务中心。在工程建设与服务的过程中，以各级图书馆、文化馆为主的文化机构承担了相应服务职能，形成了多维服务供给主体。

文化部、财政部《关于实施全国文化信息资源共享工程的通知》[6] 中规定由文化部、财政部共同组建全国文化信息资源共享工程领导小组，各地成立相应的领导机构，实施主体包括公共图书馆、群众艺术馆、文化馆、文化站、农村集镇文化中心、图书室等文化设施。文化部、财政部《关于印发〈"公共电子阅览室建设计划"实施方案〉的通知》中规定文化共享工程领导小组负责"公共电子阅览室建设计划"的实施，文化部全国文化信息资源建设管理中心负责资源建设、技术支持和工作人员培训[7]；虽然没有明确说明实施主体，但是实施条件中列出了包括公共图书馆、文化馆、群艺馆、文化站、社区、村文化室、文化共享工程各级中心和基层服务点等文化设施。文化部、财政部《关于实施"数字图书馆推广工程"的通知》中指出"数字图书馆推广工程将构建以国家数字图书馆为中心，以各级数字图书馆为节点，覆盖全国的数字图书馆虚拟网……从整体上提升全国公共图书馆服务能力"，由此可见数字图书馆推广工程实施主体是全国各级公共图书馆。综合以上来看，公共数字文化工程实施的监管单位是文化和旅游部、财政部，以及各级文化部门、财政部门，服务主体包括国家图书馆、文化和旅游部全国公共文化发展中心两家牵头单位，以及各级公共图书馆、群众艺术馆（文化馆）、文化站、基层综合性文化服务中心等文化机构。图 2-1 所示为公共数字文化工程服务供给模式。

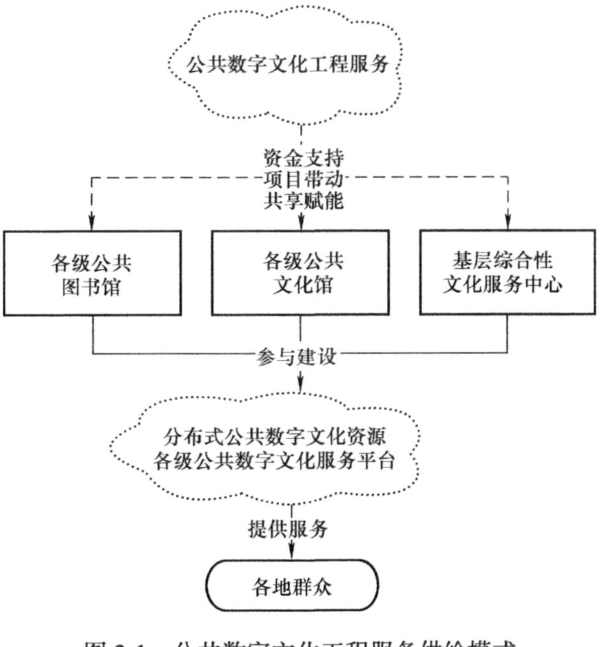

图 2-1　公共数字文化工程服务供给模式

公共数字文化工程是公共文化服务体系的重要组成部分，其服务目的是满足公民基本文化需求，成果由广大公众共同享用，服务对象是全体公民。公共数字文化工程同样具备公益性、基本性、均等性、便利性的基本特点，其中的均等性就是为所有公民提供服务，不分男女老少，不分富人穷人，不分城市农村，不分东中西地区[8]。和公共文化服务一样，公共数字文化工程所提供的服务不是为了满足一部分人的需求，是为了满足全体公民最广泛和最普遍的文化需求[9]。对于不同个体，工程服务的目标是没有差异的，就是为了向全社会提供基本、公平、均等的公共文化服务，保障每一位公民的数字文化权益。

在以全体公民为服务对象的基础上，为了促进服务均等化，有效满足不同地区、不同人群的不同数字文化需求，工程将未成年人、残障人士等特殊群体、中西部欠发达地区群众等列为重点对象。文化部、财政部《关于实施全国文化信息资源共享工程的通知》中规定，共享工程的建设目标是把文化信息资源传送到城乡基层文化网点和群众身边。文化部、财政部《关于印发〈"公共电子阅览室建设计划"实施方案〉的通知》规定要以未成年人、老年人、进城务工人员等群体为重点服务对象，在城乡基层大力推进公共电子阅览室建设。文化部、财政部《关于实施"数字图书馆推广工程"的通知》中明确指出，要建设多层次、多样化、专业化、个性化的数字图书馆服务平台，为中央与地方各级政府的立法与决策工作提供信息服务；为科研院所、企事业单位及研究型用户提供深层次、专业化信息与知识服务；为广大社会公众以及未成年人、残疾人等特殊人群提供多样化、个性化的数字图书馆服务。

2.3.2 工程服务内容

"互联网+"时代，社会文化服务产品和模式如雨后春笋般不断地涌现，公众的公共文化需求被不断地激发和释放，公共数字文化工程的服务内容也在不断地发展转变。从单一的"数字资源供给"，发展为"借助互联网提供综合性、多样性的文化服务"，形成了以数字资源供给、数字文化活动为两大重要内容的服务模式。

（1）数字资源供给

公共数字文化资源是公共数字文化工程服务的基础，主要可以分为数字阅读资源、文化视听资源，见表 2-2。具体包括各级工程实施单位建设和购买的公共数字资源，如全民阅读、艺术普及、地方文化等主题数字文化资源库，以及在此基础上形成的特色数字文化产品，如惠农资源、务工资源、少儿资源、社区服务资源、残障专题资源、精准扶贫资源等不同特色的数字文化资源产品。

表 2-2 公共数字文化资源分类

分类	内容及形式	特点
数字阅读资源	电子图书、电子期刊、电子报纸、数字文献等资源	以文字、图片形态为主，兼有音频等媒体形态，满足休闲阅读、信息查证、知识学习等需求
文化视听资源	传统文化、地方文化、非遗、旅游等内容的专题片、纪录片、动漫、音频等资源	以视频、音频形态为主，兼有图片、文字形式，满足文化教育、艺术学习与创作、艺术欣赏与娱乐等需求
	书法、绘画、摄影、音乐、曲艺、舞蹈等内容的文艺培训、教学、欣赏的专题音视频资源	
	由公共文化活动衍生的数字资源，如文化讲座、文艺演出、文化展览等活动，通过录制、加工、制作的数字资源	

（2）数字文化活动

公共数字文化工程依托各级图书馆、文化馆开展了多种形式文化活动，参考国家标准《公共文化资源分类》（GB/T 36309—2018）中对公共文化活动的分类标准，结合公共数字文化工程活动的特点，所开展的数字文化活动主要包含两类：一类是传统公共文化服务的在线化、数字化服务，通常以在线直播的形式提供服务，开展这类服务同时也能衍生相应的数字资源。如文化讲座、文化演出等各类群众文化活动的在线直播，活动后还能通过录制、加工、制作视频资源，延续服务的时间，扩大传播范围。另一类是在互联网环境下，以促进数字资源的在线供给、传播推广、展览展示为目的，采用互联网营销手段的文化活动，相较前一类活动，这类文化活动更具备互联网的"互动性、社交性"的特点，最常见的形式是通过微信、微博等社交媒体对公共数字文化资源的展示推广，也包括数字阅读推广活动、在线文艺作品创作活动、数字文化展览体验等形式。具体分类见表 2-3。

表 2-3　公共数字文化活动分类

分类	内容及形式	特点
在线文化讲座	各类文化文艺讲座、公开课、培训在线直播，以及录制的文化讲座	线下文化活动，以视频直播的形式提供在线服务，扩大传播范围
在线文艺演出 / 表演	由文化机构主导组织，由文化工作者和群众参与，包括音乐、曲艺、舞蹈等文艺演出活动及综合性文艺演出，以及录制的文艺演出 / 表演	
数字资源社交化展览、展示及互动	基于微博、微信等社交媒体的宣传推荐及互动活动（留言、转发、答题、游戏、竞赛等）	围绕各类数字资源，采用互联网营销和传播手段在线开展的文化活动，提升各类文化资源的知晓率和使用率，吸引公众参与体验文化活动
数字阅读活动	数字阅读活动，如在线阅读、诵读的比赛及打卡、积分等活动	
在线文艺作品创作展示活动	在线文艺创作展示活动，如书法、绘画、海报、摄影、视频的创作、征集和在线展示	
数字展览体验活动	传统文化、文化遗产、数字馆藏等内容的展览展示，如在线文化展览、线下参与的数字文化体验区或展览等	
其他文化活动	其他主题文化活动在线直播、文化资源应用开发竞赛、资源建设众包活动等	

2.3.3　工程服务基本途径

公共数字文化工程服务的途径包含线上、线下，总体呈现出线上线下服务一体化的特点。服务的一端是在线资源供给、在线信息服务、在线活动参与，另一端是线下文化活动，提供网络化的传播、数字化形式展览展示及互动体验。

"线上服务途径"主要是指公众通过互联网访问数字资源或参加线上文化服务活动。以往，公众主要通过传统的官方网站，比如公共文化云、国家数字图书馆等公共数字文化平台以及图书馆、文化馆网站访问资源、参与活动，随着新媒体的发展，公共数字文化工程开展服务的渠道也得到不断扩增，逐步渗透到了微信、微博等综合社交媒体平台、喜马拉雅等音频平台、抖音等短视频平台，以及学习强国等综合内容平台。

"线下服务途径"主要是指公众需要在线下参与体验的文化服务活动，此类活动往往需要占用一定的实体空间，比如在图书馆、文化馆开展的文化讲座、文化演出、馆内的数字互动体验空间、数字文化展览展示空间等；公共数字文化工程的实施机构往往也同政府、企业、社会组织等单位合作开展数字化、信息化服务活动。

随着互联网的发展，多数服务行业都在向线上线下结合的方向发展，公共数字文化工程服务也呈现了线上线下贯通结合的趋势，各级图书馆、文化馆开展的各类文化服务活动，比如世界读书日直播活动、广场舞展演、百姓大舞台等都通过"线上+线下"的方式开展服务，公众既可以现场参与，也可以通过网络直播、录播观看。

2.4 公共数字文化工程建设服务概况

2.4.1 工程建设重点方向

公共数字文化工程实施以来，得到了中央财政专项资金支持，形成了稳定长效的经费保障机制，有效保证了工程的顺利实施。中央财政部、文化和旅游部每年向国家图书馆以及文化和旅游部全国公共文化发展中心、各级工程建设单位拨付公共数字文化建设专项资金，支持开展公共数字文化工程基础平台网络、资源建设、服务推广等工作。对"十三五"时期工程建设服务经费投入的分析，可以直观、量化地看到工程建设的重点方向，从而也能够与经费产生的实际效能对比参考①。

（1）中央转移支付资金总体情况

"十三五"期间，中央财政支持地方开展公共数字文化建设专项资金投入规模已达 28.11 亿元。2016—2019 年，地方主要依据文化和旅游部制定的公共数字文化建设项目分配方案进行投入，主要集中于公共文化服务云平台建设、基层图书馆互联互通等平台建设项目，地方特色文化专题资源库建设、互联网信息资源保存与服务等资源建设项目，公共数字文化培训等服务推广项目。2020 年为充分发挥省级文化和旅游行政部门的统筹作用，增强资金调配和使用的灵活性、针对性，中央补助地方公共数字文化建设专项资金从分配方式上进行改革，由申报评审分配法调整为因素分配法。具体由文化和旅游部综合各省公共数字文化服务机构数和覆盖人群、上一年工程建设总量、工程实施情况等因素，对各地 2020 年建设经费直接进行分配。各省级文化和旅游部门按照资金重点支持方向及工作要求，制定本省 2020 年公共数字文化工程建设方案。整体来看，"十三五"期间公共数字文化各建设项目投入情况如图 2-2 所示②。

（2）平台建设项目投入情况

平台建设主要包括硬件设施建设、基础网络建设、云平台及服务平台等方面，是开展公共数字文化服务的基础。平台建设项目的各项投入，为各级图书馆、文化馆补充了数字化服务和数字资源加工采集设备，搭建了能够复用的公共数字文化的资源服务平台和业务管理平台，切实增强了公共数字文化服务的基础服务能力。在开展平台建设的过程中，工程持续加大对中西部地区、基层地区的资金投入，使服务于基层群众的各类公共服务的设施条件得到进一步改善。

① 本部分涉及的中央转移支付资金相关数据，主要来源于文化和旅游部下发的 2016—2020 年各年《中央补助地方公共数字文化建设专项资金分配方案》及各省专项资金分配表。

② 2020 年中央转移支付中有 1405 万元暂无法按照上述类型划分，对整体影响较小，包括河南省公共数字文化建设试点资金 900 万元，大连市、宁波市、厦门市、青岛市及深圳市五个计划单列市专项经费 505 万元。

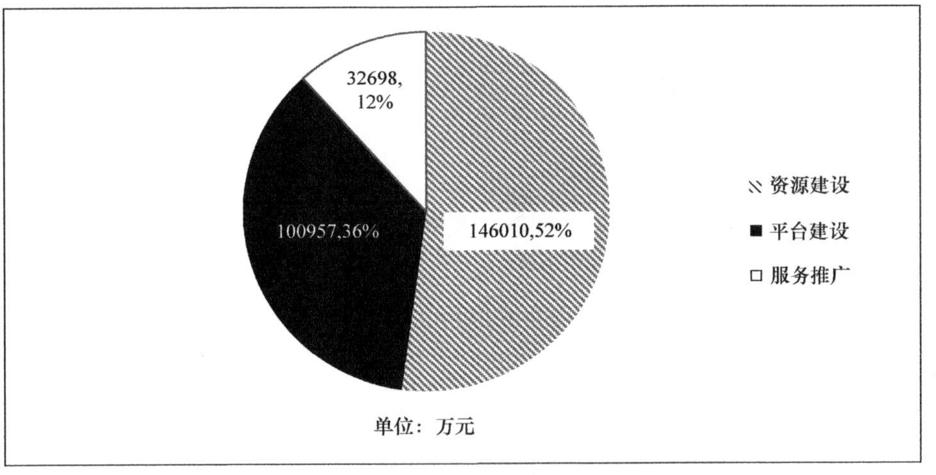

图 2-2 “十三五”期间公共数字文化各建设项目投入情况

2016—2019 年，平台建设项目开展了中西部贫困地区公共数字文化服务提档升级、公共文化服务云平台、数字文化馆、基层图书馆互联互通等方面的建设，如图 2-3 所示，其中“中西部贫困地区公共数字文化服务提档升级”项目占“平台建设”投入总资金的 48%，且逐年增长，如图 2-4 所示。

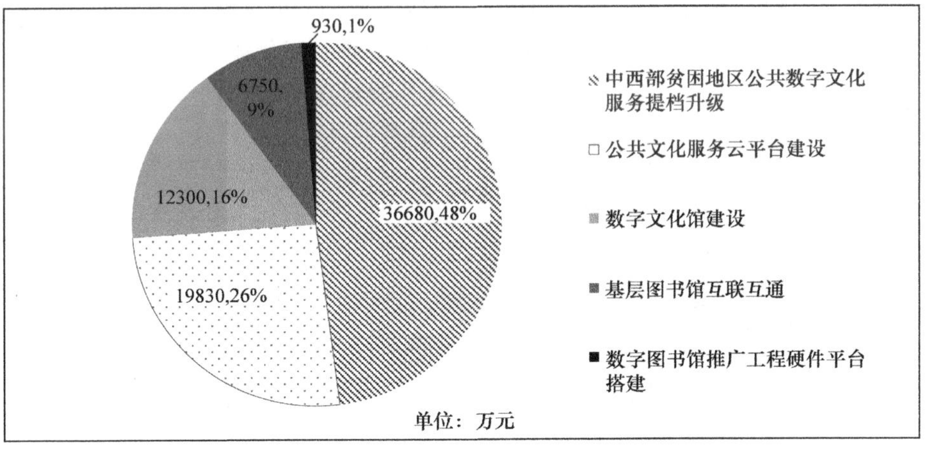

图 2-3　2016—2019 年平台建设各项目投入比例

2020 年的平台建设项目具体用于完善公共数字文化服务网络，开展了基层公共数字文化服务提档升级、公共文化云、群众文化数字化等方面的建设工作。

（3）资源建设项目投入情况

资源建设主要包括全民阅读资源、移动互联网适用资源、中华优秀文化数字化、公共数字文化大数据建设项目等方面，是开展公共数字文化建设的基础保证和服务支撑。资源建设项目的各项投入，丰富了各级图书馆、文化馆的公共数字文化服务内容，提升了数字资源建设与保障能力，进一步加强了公共数字文化服务资源保障力度。通过工程资源建设经费的持续投入，各级公共文化机构结合地方特色，建设了一批内容丰富、形式多样的优秀数字资源，满足了各地公众日益增长的文化信息需求。

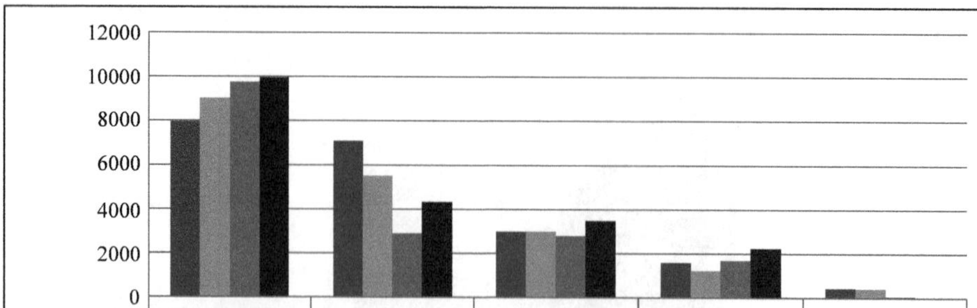

	中西部贫困地区公共数字文化服务提档升级	公共文化服务云平台建设	数字文化馆建设	基层图书馆互联互通	数字图书馆推广工程硬件平台搭建
2016年	7955	7100	3000	1590	435
2017年	9005	5500	3000	1230	420
2018年	9750	2900	2800	1695	75
2019年	9970	4330	3500	2235	0

图 2-4　2016—2019 年平台建设各项目投入增减情况

2016—2019 年资源建设具体项目的投入资金与比例如图 2-5 所示，各项目投入增减情况如图 2-6 所示。其中“地方特色文化专题资源库建设”项目投入量最大，占总比例的 49%。该项目主要用于建设具有鲜明地方特色和文化特色、有较大影响力的文化资源，以及具有地域特色、普及推广价值的优质文化艺术作品赏析、讲座等视频资源。充分体现公共数字文化工程资源以地域特色文化、艺术、历史、旅游为主要内容，兼具特色性与普适性等特点，对于传承、传播优秀传统文化，提高中华文化的影响力、凝聚力、感召力具有重要意义。

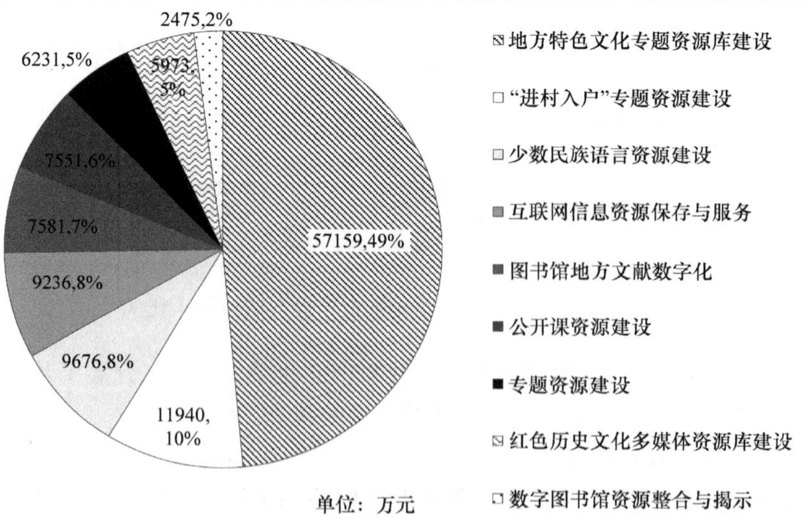

图 2-5　2016—2019 年资源建设各项目投入比例

2020 年资源建设项目主要用于建设全民艺术普及资源、全民阅读资源和群众文化活动资源等。各省资源建设在延续开展往年项目的基础上，逐步开展适用于“互联网 +”环境下的微视频、音频资源的建设。微视频建设形式主要包含微纪录片、微讲座、微课堂等，内容涉及历史文化、旅游、非遗、动漫、美食等方面，例如，浙江省的“文化浙江”系列微视频项目、山东省山东民间手工技艺项目、安徽省“文化安徽”微视频征集和推广活动项目等。特色音频资源建设内容不仅包括音乐戏曲，还融入有声书阅读、人物故事等内容，例如，四川省《川阅之声》、新疆维吾尔自治区《你的故事我的歌》等内容。

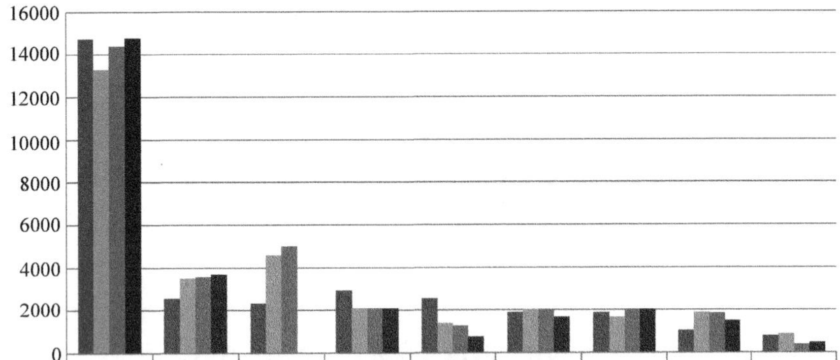

单位：万元	地方特色文化专题资源库建设	少数民族语言资源建设	“进村入户”专题资源建设	互联网信息资源保存与服务	红色历史文化多媒体资源库建设	图书馆地方文献数字化	公开课资源建设	专题资源建设	数字图书馆资源整合与揭示
2016年	14720	2577	2350	2948	2567	1892	1864	1041	781
2017年	13299	3519	4590	2102	1382	2033	1646	1871	862
2018年	14384	3580	5000	2091	1270	1989	2020	1827	363
2019年	14756	3704		2096	754	1667	2022	1492	469

图 2-6　2016—2019 年资源建设各项目投入增减情况

（4）服务推广项目投入情况

服务推广主要包括公共数字文化培训及专项服务推广活动、新媒体服务等方面，是公共数字文化服务实施的保障，也使得各地公共数字文化服务内涵与内容不断延伸与丰富。服务推广项目的各项投入，为各级图书馆、文化馆培养了一批专业知识与实际技能兼备的数字服务专业人才，支持各地统筹开展数字文化服务活动，扩大了公共数字文化资源和服务的覆盖面和影响力。在开展服务推广的过程中，工程在确保“公共数字文化培训及专项服务推广活动”资金投入的同时，持续加大新媒体服务方面的资金投入，有效推动了公共数字文化服务模式的创新。

2016—2019 年服务推广具体项目的投入资金与比例如图 2-7 所示，其中“公共数字文化培训及专项服务推广活动”占比高达 77%，重点支持各省（区、市）开展区域内公共数字文化培训，以及“美好生活”“全民阅读”“全民艺术普及”等专项服务推广活动。自 2017 年开始，“新媒体服务”项目经费投入主要用于开展图书馆公开课直播、“百姓大舞台”直播和“中国文化网络电视”等。如图 2-8 所示，2019 年该项经费出现大幅增长，由 2018 年的 360 万元，增加到 2019 年的 5370 万元，同比上涨 1392%，一方面表现出近年来工程对于新媒体服务的重视，反映出工程建设正顺应移动互联网发展的新趋势，积极开展新媒体服务应用的新模式。比如直播已经成为了线上服务的重要手段，内容覆盖特色文化演出、百姓大舞台、图书馆公开课各类文化活动；另一方面，新媒体服务已在各行业应用多年并得到成熟的发展，工程近年来才在新媒体服务上发力，也暴露出工程建设新媒体服务意识的滞后，一定程度上阻碍了服务的效果。

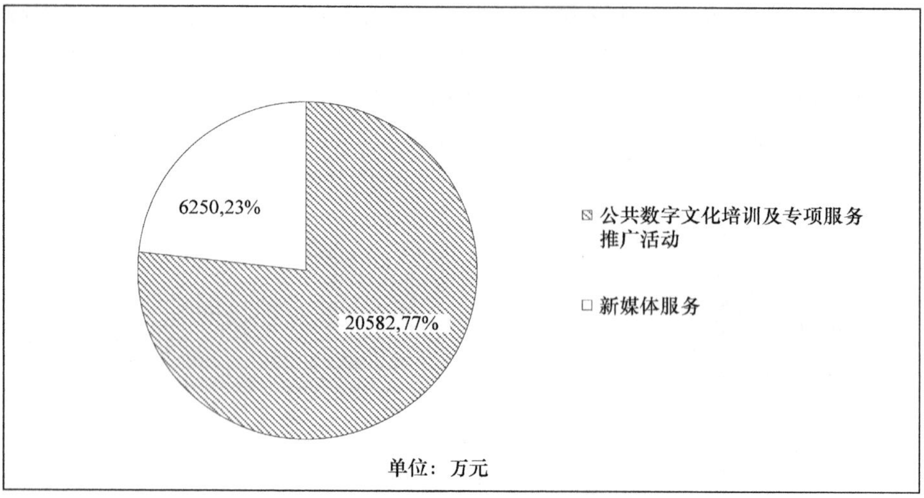

图 2-7　2016—2019 年服务推广各项目投入比例

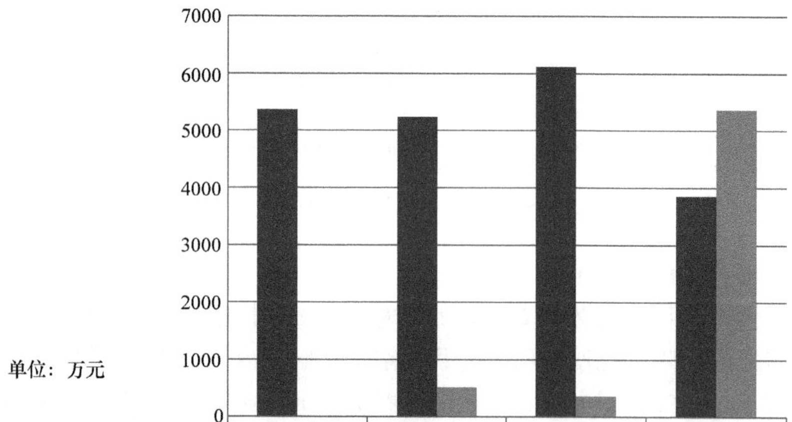

	2016年	2017年	2018年	2019年
■公共数字文化培训及专项服务推广活动	5370	5240	6116	3856
■新媒体服务	0	520	360	5370

图 2-8　2016—2019 年服务推广各项目投入增减情况

2020 年的服务推广项目主要用于统筹开展数字文化服务活动、举办公共数字文化从业人员培训、文化和旅游志愿者组织与管理三方面。强调建立线上与线下相结合的服务体验机制，依托互联互通的服务网络，开展订单式、菜单式服务；重点培养从业人员新媒体应用能力；运用数字化手段做好文化志愿服务组织与管理等。

2.4.2　工程建设服务现状

公共数字文化工程经过多年的发展建设，已初步在全国建立了公共数字文化服务网络，初步构建了分级分布式数字文化资源库群，为人民群众提供了丰富快捷的数字文化服务。

（1）工程建设的基础设施、网络和平台成为服务支撑

覆盖全国的公共数字文化服务网络及平台已初步联通。“十三五”期间，工程初步建立了以图书馆、文化馆为主要实施机构，覆盖国家、省、市、县、乡镇的五级公共数字文化服务体系，同时服务向街道综合文化中心、社区文化活动中心辐射。其中，数字图书馆网络体系已覆盖全国 39 家省级图书馆、376 家市级图书馆，服务辐射 2760 家县级图书馆。截至 2019 年底，国家公共文化云平台通过与各地公共文化云互联互通，已完成与 48 家地方云的融合对接，开设地方专区 61 个，注册文化机构 1026 家。

各层级公共数字文化平台逐步搭建。工程建成各类公共数字文化服务业务平台持续投入使用，其中国家公共文化云通过多种终端和渠道面向公众服务，目前具有资源点播、场馆导航、共享直播、活动预约、特色应用、服务点单等功能。公共文化大数据分析展示平台，采集分析工程各级平台线上线下服务数据超过 2200 万条，支持多终端进行动态可视化展示。工程开展标准化图书馆业务平台建设，搭建标准化和开放性的数字图书馆系统，截至 2019 年底，基层图书馆互联互通项目累计建设 450 个县，统一用户认证项目累计部署完成 203 家图书馆，注册实名用户超过 1600 万人，注册唯一标识符数据超 379 万条，运行管理平台优化升级项目累计部署完成 78 家，移动阅读平台建设 417 家分站。

（2）庞大的数字文化资源构成了服务基础

工程建设带动各级公共图书馆、文化馆开展数字资源联合建设，建设了一批满足公众阅读需求、反映历史文化变迁、体现地域发展特色的优秀数字资源库，初步形成了框架完善、内容丰富、种类多样的公共数字文化资源保障体系。截至 2019 年底，中央财政支持建设资源累计约 1274TB，其中视频约 95613 小时，音频约 94835 小时，中文图书约 472 万种，中文期刊约 1.541 万种，报纸约 630 种，图片约 52 万张，工具书约 100 种，网络资源约 1847 万条，元数据约 270 万条 [10]。这些数字资源每年持续为国家公共文化云、国家数字文化网、移动阅读平台、网络书香检索平台等公共文化平台提供资源，通过专网、虚拟网、资源镜像等方式为各级图书馆和文化馆、基层文化服务中心等机构配送资源，为公共数字文化服务提供了资源保障。海量的数字文化资源通过资源门户网站、手机 APP、国家文化云、文旅 e 家、移动数字图书馆等平台面向公众服务。

（3）逐步探索互联网及新媒体的服务方式

工程建设的各类数字资源和服务逐渐借助新媒体开展服务，形成了由 APP、微信公众号、微博号、抖音号组合的服务形态。文旅 e 家、文旅之声、数字文化、国家公共文化云、文化中国微视频、中国文化网络电视、数字图书馆推广工程等一批新媒体服务账号，采用鲜活生动的图文和视频传播知识文化，吸引公众参与文化服务。

其中，工程依托移动互联网打造的“文旅 e 家”服务平台，通过微信、微博、APP 多终端开展服务，开展了 97 次直播，已发布活动预告 5.2 万条，电子图书 5309 册、期刊 90 种、音频 414 条、视频 1849 场，群众制作的小戏小品、乡村春晚、乡村拍手等节目 461 种，组织多场线上基层群众活动，活动峰值关注度 1380 万，用户遍布全国 32 个省 1500 多个市县。工程建设的移动阅读平台通过开通分站、嵌入各级图书馆公众号等方式，为各地读者提供了图书期刊的数字阅读、听书等多种阅读服务。在喜马拉雅平台，公共数字文化工程开通了“文旅之声”服务账号，共发布 11 类音频专辑、3182 条声音，总播放量达 2570 万次。

此外，互联网促进了传统公共文化服务逐步向线上迁移。公共数字文化工程采用网络直播的方式，将图书馆、文化馆开展的文化讲座、文化培训、群众性文化活动等文化活动呈现在互联网上，让更多群众能够不受时间、场地的限制收看参与。

（4）特色品牌服务持续提升社会影响力

公共数字文化工程开展的品牌服务，取得了良好的社会效益。其中，“百姓大舞台”以直录播形式服务 4889.4 万人次。图书馆公开课直播项目组织各地优质的图书馆讲座、公开课、世界读书日特别活动进行互联网直播，共举办 163 场公开课直播，丰富了各级图书馆讲座内容，让各地读者获取更丰富的资源；工程打造的“云上群星奖”，访问量达 5039.8 万人次；2019 年全国“乡村春晚”网络联动吸引 2372.7 万人次参与。“童音诵古韵 · 经典有新声”全国少儿诗词在线诵读活动联合 437 家图书馆参与，线上吸引 200 余万人次参与，深受家长和少儿的好评。这些品牌服务带动了传统公共文化服务逐步向线上迁移。

不仅如此，工程也通过中央转移支付经费带动全国各级各地图书馆、文化馆开展种类丰富、各具特色的公共数字文化服务推广活动。在推广工程的带动下，仅 2019 年全国各级图书馆举办各类服务活动超过 19.57 万次，吸引线上线下超过 1.18 亿人次参与 [11]，其中许多活动已连续举办多年，逐渐成为读者期待的文化活动品牌。

2.5 工程服务面对“互联网 +”环境存在的差距

随着互联网、新媒体技术的飞速发展和群众需求的变化，公共数字文化工程发展遇到了一些瓶颈问题，主要反映在：资源内容和结构还不能充分满足公众需求；服务手段还未能充分发挥互联网的优势；公共数字文化建设社会化水平不高、动力不足。

2.5.1 资源内容和结构还不能充分满足公众需求

一是公共数字文化资源以弘扬传统文化为引领，形成了良好的文化引导，但一些资源内容还是基于馆藏、地方文化、文化活动等内容的浅加工，没有实现对优秀传统文化的创造性转化和创新性发展，和当代公众需求稍有距离，所建设资源内容的知识性和娱乐性还不够突出。

二是公共数字文化资源已建成了大量的文化资源，不乏弘扬优秀传统文化、发掘地方文化内容的精品力作，但适用移动互联网和新媒体的资源所占比重相对较低。如微视频、短视频、有声读物资源等还不够丰富，精品化、碎片化、轻量化的资源不足，不能充分满足公众在移动端阅读、观看的习惯，不能充分满足公众对文化资源的需求。同时，随着互联网技术的发展，资源内容的形态也在不断创新，8K 高清视频、注重体验的全景视频等资源形态纷纷出现，文化资源特别适合提供沉浸式、体验式的服务，但工程现有的相关资源形态还不够丰富。

三是文化资源还有待充分挖掘，实现智能化、精准化的供给。海量的数字资源给公众提供了“满汉全席”，资源总量虽大，但资源分布在各类公共数字文化资源库或平台，虽然国家公共文化云、网络书香检索平台提供了资源的集中揭示，但也只是揭示一部分资源，还缺乏对资源的精细化揭示，造成公众面临海量资源的时候无从下手。总体上距离精准化服务、智能化服务还任重道远。

2.5.2　服务手段还未能充分发挥互联网的优势

近年来，各级公共图书馆、文化馆都开始重视以新媒体服务为主的线上服务，绝大多数机构开通了微信、微博服务，也有的陆续通过喜马拉雅、抖音等内容平台开展服务，探索了公共数字文化线上服务新模式。但实际上还缺乏对互联网媒体传播特点、内容平台的服务特点及用户习惯的深入理解，存在公众知晓度利用率低、服务效能不高等问题。

首先，线上媒体平台服务渠道优势未能充分发挥。随着新媒体平台的不断细分，适合不同类型公共数字文化资源的服务展示渠道也逐渐多元，如以图文消息和菜单服务为主的微博、微信，以有声资源为主的喜马拉雅，以短视频为主的抖音等，也有不少公共文化机构已经开始尝试在这些平台提供服务。但是，目前仍存在着公共数字文化服务内容与渠道不匹配、不适应公众已有使用习惯的问题。如一些图书馆会在微信公众号推文中发布讲故事、诵读等有声资源，但通过推文发布的资源较为零散，无法进行有效整合，客观上不适用于有声资源的系列化推广。公众收听有声资源一般会选取喜马拉雅等专门类有声资源平台，并已经形成了固定的平台使用习惯。许多在微信中提供自建有声资源的公共文化机构，却没有在有声资源平台开设账号，这批自建有声资源没有形成系列和规模，影响了资源服务的效果。

其次，新媒体传播的联动优势未能充分发挥。新媒体具有强互动性、社交性等特点，打破了传统媒体自下而上的单一传播结构，各账号间可互推内容、彼此联动成为新媒体运营的一大特点。当前虽然大部分公共文化机构都开设了微博、微信、抖音等官方账号，部分馆同时拥有多个平台账号，或在微信等同一个平台上运营多账号。但从目前运营情况来看，无论是本馆内的多个运营账号，还是同区域、同领域的不同机构，都处于各自运维、相互独立的状态中，未能有效将各个平台的运营相互连通，形成本馆、本地区、本行业领域舆论引导合力，加深公共数字文化服务的影响力。

再次，互联网平台的数据优势未能充分发挥。用户数据是反映各平台公共数字文化服务效能的重要指标，也是优化调整服务运维策略的直接参考依据。目前微信、微博、抖音等各个服务平台均提供后台数据统计与可视化分析功能，帮助运营人员对粉丝关注情况、内容服务情况等各维度的数据进行掌握和交叉分析。但是实际上，各公共文化机构对数据的监测管理缺乏重视，很多馆从未使用过平台自带的数据统计分析功能，也未利用用户数据分析当前线上服务的质量和用户偏好，以此调整服务方案。在学术研究领域，公共图书馆、文化馆对于数据分析在新媒体运营中的实践探索研究相对也比较少，客观上反映出当前公共文化机构对用户数据的监测、分析、利用还不够重视。

最后，线上到线下服务未能充分贯通。公共数字文化工程早期的建设非常重视数字化服务，重视线上资源供给，提供了大量的数字资源供给。实际上，“互联网 +”环境下其他行业的发展和转变，最终都在向着以线上线下贯通、联动的模式发展，公众也越来越愿意参与到公共文化的实际体验中。公共数字文化工程的发展不仅要实现线上资源的供给，同时也要满足人们实际体验、线下参与的需求，通过强化各级公共文化机构空间内及其他场所提供的数字文化服务，实现线上资源、线下服务的贯通和均衡发展。

2.5.3　公共数字文化建设社会化水平有待提高

2015 年发布的《文化部公共数字文化工程管理办法》规定“以资源建设、服务应用为重点，推动公共数字文化工程的设备升级和机制创新，逐步提高社会力量参与的比例”，2017年发布的《文化部“十三五”时期公共数字文化建设规划》中提出了“社会力量参与公共数字文化平台开发、资源建设、服务供给、运营管理的工作机制更加完善，参与渠道更加通畅，参与方式更加多元”的目标任务。

从“十三五”时期实际情况来看，公共数字文化建设社会化水平有待提高。一方面，资源采集、平台建设以及文化服务活动仍由各级公共文化机构主导实施，比如讲座视频等公共数字文化资源仍主要由各级公共文化机构购买设备、自行拍摄制作，质量难以满足公众需要；服务活动主要由公共文化机构宣传推广，缺乏市场成熟的宣传体系，渠道相对单一，服务效果难以提高。另一方面，公共数字文化工程建设的经费主要来源于财政拨款，建设过程中受到传统管理模式的限制较多，缺乏一定的自主性，而开放、合作是互联网时代的突出特点之一，一定程度上影响了公共文化机构创新产品服务的热情，限制了社会力量的参与积极性。

虽然公共数字文化建设社会力量参与的政策基础相对完善，加上现代信息技术领域，尤其是新媒体领域高度开放性、市场发育健全等特点，为公共数字文化建设社会化提供了良好的外部环境，但是综合来看公共数字文化工程服务供给主体仍然以政府为主，领域向社会的开放程度不够，社会力量参与渠道不畅，多元的服务供给主体格局尚未形成。

参考文献

[1] 文化部办公厅．文化部办公厅关于印发《文化部公共数字文化工程管理办法》的通知 [EB/OL].（2015-06-30）[2021-07-12]. https：//www.mct.gov.cn/whzx/bnsj/ggwhs/201506/t20150630_764891.htm.

[2] 中国人大网．中华人民共和国公共文化服务保障法 [EB/OL].（2016-12-25）[2020-09-01]. http：//www.npc.gov.cn/zgrdw/npc/xinwen/2016-12/25/content_2004880.htm.

[3] 文化部．文化部关于印发《文化部“十三五”时期公共数字文化建设规划》的通知 [EB/OL].（2017-07-17）[2021-07-12]. http：//zwgk. mct.gov.cn/zfxxgkml/ghjh/202012/t20201204_906376.html.

[4] 文化和旅游部．文化和旅游部办公厅关于印发《公共数字文化工程融合创新发展实施方案》的通知 [EB/OL].（2019-04-16）[2020-09-01]. http：//zwgk. mct.gov.cn/zfxxgkml/ggfw/202012/t20201205_916616.html.

[5] 中华人民共和国国民经济和社会发展第十四个五年规划和2035年远景目标纲要 [EB/OL].（2021-03-13）[2021-06-07]. http：//www.gov.cn/xinwen/2021-03/13/content_5592681.htm.

[6] 文化部，财政部．关于实施全国文化信息资源共享工程的通知 [EB/OL].（2002-04-17）[2020-12-01]. http：//www.law-lib.com/law/law_view. asp？ id=98137.

[7] 文化部，财政部．文化部财政部关于印发《“公共电子阅览室建设计划”实施方案》的通知 [EB/OL].（2012-02-27）[2020-12-01]. http：//www.gov.cn/zwgk/2012-02/27/content_2077526.htm.

[8] 新华社．为什么必须按照公益性、基本性、均等性、便利性的要求大力发展公益性文化事业 [EB/OL].（2011-11-13）[2020-12-01]. http：//www.wenming.cn/xj_pd/17j6zqh/qwjd/201112/t20111213_423267.shtml.

[9] 陈祥东．公共文化服务体系的四大特征 [EB/OL].（2014-12-09）[2020-12-01]. http：//theory. people.com.cn/n/2014/1209/c40531-26172758.html.

[10] 2019年中央支持地方公共文化服务体系建设补助资金文化和旅游部重点项目绩效自评报告 [R]. 2020.

[11] 国家图书馆研究院．2019中国公共图书馆事业发展基础数据概览 [R]. 2020.

第3章 “互联网+”环境下国外公益性文化机构及项目的服务实践

放眼世界各国，以GLAM，即美术馆（Gallery）、图书馆（Library）、档案馆（Archive）、博物馆（Museum）为主体的公益性文化机构也都在互联网大潮中纷纷开展数字化、信息化服务，特别是信息技术应用较为发达的国家，在公共文化服务的实践中有不少实践探索。另一方面，与我国公共数字文化工程相似，一些国家也通过开展公益性数字文化项目，提高国际间或本国公益性文化服务水平。本章从上述两方面入手，重点对公益性文化机构和项目的服务开展情况、服务特点等多方面梳理和归纳，同时结合我国实际情况进行对比总结，为我国“互联网+”环境下公共数字文化工程服务的开展提供有益借鉴。

3.1 国外公益性文化机构服务实践

虽然受国情差异等诸多因素影响，国外并无直接的“公共文化机构”概念，但国外公益性文化机构，即以美术馆、图书馆、档案馆、博物馆为主的文化机构，出于公共利益收藏文化遗产，以面向社会公众提供知识获取途径为使命[1]，和我国公共文化机构的公共服务属性和目的较为相似。因此，本部分以GLAM为主要研究内容，通过文献调研和网络调研，重点梳理介绍国外公益性数字文化服务创新实践及特点。

3.1.1 国外公益性文化机构创新服务概况

（1）社交媒体服务

随着互联网的普及蓬勃发展，国外公益性文化机构通过在各类社交媒体上开设账号、利用其平台功能拓展机构服务范围和内容。紧随着脸书（Facebook）、推特（Twitter）等国外社交媒体平台的创立，国外公益性文化机构通过社交媒体开展服务探索[2]。2014年，一项面向美国、英国、瑞士、澳大利亚、新西兰和大中华地区110家图书馆的调研结果表明，被调研的大多数图书馆已将社交媒体纳入其服务范畴，并利用社交媒体平台开展服务推广活动（outreach activities）[3]。

国外公益性文化机构的社交媒体服务方式主要有三类：一是宣传推广和用户联络，包括本馆新闻资讯发布、阅读推介和与不同类型读者的联络；二是开展数字资源服务，包括展示各类数字化馆藏资源、开展信息素养课程培训和在线咨询等形式；三是创建用户交流环境，如发起问卷调查、投票和活动，以及创建用户交流社群[4]。前两类服务在全球范围内得到广泛普及，成为国外公益性文化机构社交媒体服务的“标准动作”；第三种则在国外日益受到重视，成为国外公益性文化机构社交媒体服务实践独具一格的创新之处，即充分利用社交媒体的社交沟通功能，与用户展开纵深式的线上互动交流。

美国蒙大拿州立大学图书馆借鉴"数字二元论"在推特上建立了一个学生社群，其用户数量在一年内增长了100%，群内用户交互程度也上升了275%[5]；该馆还充分利用"推特卡片（Twitter Cards）"和"脸书开放图表标签（Facebook Open Graph Tags）"等功能，提升本馆资源在社交媒体分享时的可见度和交互性，吸引个人用户或机构账号与本馆资源类推文进行转发、留言等互动[6]。新西兰国家图书馆的"数字新西兰（DigitalNZ）"项目，根据关注用户的互动内容，不时发布与关注用户直接相关（转发用户提出的问题或建议）的推文，并鼓励本账号所有关注者共同参与；只要内容或主题相关，机构账户还会通过推文的"@"和标签功能，主动发现、回应、转发普通用户的相关推文[7]。在此基础上，有些公益性文化机构还"更进一步"，借助社交媒体将线上互动拓展至线下开展，美国一些高校图书馆利用推特促进课堂研讨和研究活动的开展[8]，一些公共图书馆则借助社交媒体与当地社区进行接触互动[9]。

（2）技术创新服务

国外公益性文化机构的智能化服务创新实践主要集中在对虚拟现实（Virtual Reality）、增强现实（Augmented Reality）和8K高清视频等互联网前沿技术的应用上。

美国图书馆与信息资源委员会（Council on Library and Information Resources，CLIR）在2019年2月出版的《3D与VR在学术图书馆：新兴实践与趋势》（*3D/VR in the Academic Library: Emerging Practices and Trends*）中提到，以高校图书馆为例，通过支持和应用3D和VR技术，能在馆内形成馆员—教职工—学生的科研生态系统，并作为学术成果的一种形式来促进知识交换[10]。美国有多家高校图书馆对可穿戴设备（wearable device/equipment）提供智能化服务进行了实践探索：美国克莱蒙特研究大学图书馆组建了"可穿戴技术项目组"，通过在馆内推广使用谷歌眼镜，对到馆读者的行为进行分析，与医疗机构合作，通过可穿戴设备将到馆读者的健康情况反馈给医疗机构[11]；北卡罗来纳州立大学图书馆通过将Apple Watch等传感设备集成在缝纫织物内，为该馆创客空间的智能纺织服饰活动提供支持[12]。南加州大学犹太大屠杀基金会（USC Shoah Foundation）的"新维度见证（New Dimensions in Testimony）项目"通过全息影像（hologram）技术，将第二次世界大战时犹太人大屠杀的证词数字影像化[13]。

日本文部科学省文化厅2018年发布了《面向文化遗产观光活用的VR等制作·运用指南》[14]，提供了文化遗产开发过程中AR、VR等新技术的操作指南，推动了姬路市的"姬路城大发现"、石川县的"360°VR奉灯祭"等文化服务项目。同时，日本一些档案馆和博物馆利用4K超高清视频技术拍摄、保存并展示日本传统的佛教仪式，并通过虚拟现实的动作捕捉技术，让参观者可与视频内容进行互动，从而更好地了解这些仪式流程及过程中使用的各类佛教法器[15]。

欧洲公益性文化机构主要将智能化技术创新应用在文化遗产保护及开发领域。爱尔兰研究委员会（Irish Research Council）资助开发了一款名叫"Walk 1916（行走1916）"的iOS端APP，利用AR技术将爱尔兰图书馆、博物馆和档案馆馆藏中20世纪初老照片资源与都柏林城市游览相结合，用户在都柏林市内步行相关路线时，就可通过该APP看到景点建筑在1916年的老照片影像，让用户"在历史中行走"，直观感受都柏林和爱尔兰的历史文化[16]。希腊将AR技术应用于水下遗址考古，借此来再现遗址的非物质文化特征和历史信息[17]。

（3）数据驱动的服务

通过对数据的分析可以直观准确地评估图书馆服务。2014年底，英、韩两国学者利用R

语言软件分析搜集获取到的伦敦和首尔公共图书馆的 8 个变量数据（包括每千人图书馆空间面积、每千人图书馆员工数量、图书馆员数量、每千人馆藏数量、每千人发行材料数量、每千人到馆访问次数、每千人图书馆预算额度、图书馆数量），以数据可视化方式绘制出切诺夫脸谱图（Chernoff face method），从而直观地比较出伦敦公共图书馆的运营及服务要好于首尔，后者仍需建设更多图书馆、扩充馆藏、提升预算、扩招员工，以让更多读者去使用图书馆提供的各类服务[18]。

近年来，国外公益性文化机构重视大数据技术的应用。美国加利福尼亚大学伯克利分校劳动力与就业研究院图书馆与信息资源部主管泰伦斯・K. 休维（Terence K. Huwe）曾指出：图书馆界开展的用户研究、馆藏使用分析、跨学科比较研究都适用于大数据项目，商业市场、人文领域（特别是数字人文）、创意消遣和信息专业都是大数据技术一展身手的主要领域[19]。

塞尔维亚贝尔格莱德大学在高校图书馆开展了大数据应用服务实践[20]。研究者利用大数据，整合并分析学生在线选课记录、学校网络书店的注册信息和购书记录、图书馆的用户借阅记录、学生在平台论坛上发表的图书评论，通过使用 Apache Hadoop 等数据分析工具，提供基于多渠道数据信息的新型图书推荐。对来自不同渠道、不同类型和内容的数据进行整合分析，通过数据驱动的方式更准确地匹配用户需求，还能将数据分析结果进行可视化展示，提升图书馆的服务效能，让学生和图书馆同时受益。

此外，国外较为关注伴随大数据广泛应用而产生的数据安全和数据隐私问题。美国威斯康辛大学密尔沃基分校数据服务图书馆对美国高校图书馆开展了 54 个基于大数据技术的学习分析（learning analytic）研究，针对其数据处理（data handling）环节，对照美国国家信息标准协会（National Information Standards Organization，NISO）在用户数字隐私（digital privacy）方面的一致性原则进行检验，发现相当一部分学习分析研究在数据隐私保护方面做得不够，存在着匿名处理不到位、数据截留时间延长、广泛收集敏感信息、知情许可缺失、共享用户身份信息等问题。图书馆在保护用户数据隐私方面还有很大的提升空间[21]。

3.1.2 国外公益性文化机构创新服务特点

（1）深入互动，社交媒体聚拢服务群体

作为社交媒体的发源地，国外公益性文化机构自然也较早关注通过社交媒体拓展本馆文化服务的实践，通过在各类社交媒体上开通账号，对本馆馆藏、各类活动和相关服务进行推介宣传，开展持续的互动及服务。在这些已不鲜见的业内服务实践中，国外机构更注重借助社交媒体同用户进行形式多样的线上互动，有些甚至顺势由线上转到线下，拓展机构和用户之间的联络关系。推特、脸书等国外主流社交媒体创立至今十多年来，它们在服务界面和主要功能上或许变化不大，但国外公益性文化机构通过建立群组和社群，随时转发、回复用户推文或留言，不时发起意见征询和话题讨论，与用户始终保持直接的深入互动，更有效地获取来自用户对本馆服务的反馈。

（2）科技赋能，增强文化活动体验

借助 3D、AR、VR、全息影像等互联网前沿技术手段，以可视化方式丰富馆藏资源的访问体验，是当前国外公益性文化机构智能化服务创新探索的共同方向。具体来说，3D 和 VR 技术更多强调丰富用户访问资源时的视觉体验，通过多媒体、虚拟现实的方式呈现馆藏资源，用最直观的方式吸引用户注意力，继而引导用户对相关资源产生兴趣。AR 技术在智能服务的应用范围会更广，除和 VR 一样丰富资源的可视化呈现之外，还能应用于图书馆的阅读推介和文献信息精准服务等方面，有利于提升资源服务的效率和精准度。此外，可穿戴设备的应用也是国外公益性文化机构智能化建设的重要实现途径之一，除与上述可视化技术结合外，通过设备穿戴还能实现数据共享、信息导航、用户行为记录分析等功能，拓展并丰富了文化机构的服务内容，促进数字文化与其他互联网行业领域的交融互通。在服务机构主体方面，国外智能化创新服务目前主要由高校图书馆和博物馆引领开展；特别在图书馆界，高校图书馆在智能化建设和新技术应用科研探索领域“一骑绝尘”，一般公共图书馆乃至国家图书馆在该领域还处于相对弱势地位。

（3）数据借力，提升服务效能

大数据技术在国外公益性文化机构的应用经历了从数据处理到数据分析的阶段变迁，起初它只是对信息存储处理的一种辅助性技术创新，让传统的文化资源数字化，在规模和服务效能上有所提升；但很快就升级成为数据驱动创新的代表性技术，收集、整合、分析各类数据，向用户提供智能服务、客观评估文化服务。大数据技术在对包括图书馆在内的国外公益性文化机构的应用还大有作为、潜力无限，通过对来自用户行为的各类数据进行整合分析，机构能更加准确迅速地捕捉用户需求，从而有的放矢地完善、创新相关服务。同时，大数据技术与个人数字隐私（digital privacy）密切相关，在实践的各个阶段都将受到仔细审视和严格限制，这必然会减缓这一技术的应用速度，但会在权衡利害的前提下为用户提供既智能又安全的数字文化服务。其他数据驱动技术的创新应用也会遇到类似情况，导致该技术暂不会在国外公益性文化机构大规模迅速普及，而只是在一些机构，如高校图书馆等进行内部试点探索。

3.1.3 国外公益性文化机构创新服务的借鉴意义

在世界范围来看，我国互联网技术发展处于领先水平，庞大的用户群体也造就了服务创新的良好基础。实际上，我国公共数字文化机构开展的互联网服务的新媒体传播、技术应用整体水平较高。相较之下，国外公益性文化机构面对“互联网 +”环境的服务有一些局部优势，特别是在用户互动、挖掘文化资源、数据应用与保护等方面有一定的借鉴意义。

（1）增强用户互动与黏性，优化服务实践

国内公共文化机构也借助社交媒体服务开展了大量服务实践，国内机构更注重社交媒体的“展示”功能，借助平台上丰富的视频或图文形式向用户展示本馆的资源、服务与活动，但在“互动”层面上则往往不够深入，甚至付之阙如，未能发挥互联网这一重要特性。相比之下，国外机构抓住社交媒体最核心的“社交”属性，建立各种与用户的线上联系，在此基础上大力推广数字文化资源。同时，国外机构也在互联网平等开放的精神下，主动、平等而亲切地与用户互动，顺其自然地将线上互动转化为线下交流，真正强化自身同用户间的联系。可以概括地说，相对国内而言，国外机构更侧重通过新媒体与用户建立“深度”联系，更偏向非展示性的供给。国内公共文化机构既已有了社交媒体平台功能上的优势，可以通过各类社交媒体深化与用户的互动，不断增强用户的忠诚度，提升服务黏性和使用率，有效提升互联网空间的新媒体服务。

（2）回归文化资源本身，应用技术守本有度

国外公益性文化机构智能化服务创新主要是通过可视化、具象化的展示方式来丰富资源呈现形式，从而吸引用户去访问、了解资源内容，同时拓展行业服务范围，打破文化与其他行业间的藩篱，这与国内公共文化机构在该领域的创新探索思路并无本质差异。但国外机构更重视回归文化资源本身，以馆藏资源为依托，持续深入挖掘内容、揭示相关资源，实现资源与文化

的关联，面向用户服务的时候强调教育性、知识性。国内公共文化机构应用各类信息技术加强对文化资源的展示，要注意回归文化资源本身，避免将公共文化服务打造成浅表光鲜的科技馆或游戏厅[22]。不要浅尝辄止于"夺人耳目"的感官吸引，而应注重由智能化服务助力文化遗产保护、提升机构特色服务、强化服务用户过程中的知识普及和教育意义；也切莫"昙花一现"，要深入思考技术与服务内容的关系，保持头脑清醒，不盲目跟风，服务一旦推出就应将工作做实做久，并根据公众使用反馈不断改进调整。

（3）精准高效提升服务体验，保护数字隐私

以大数据技术为代表的数据驱动技术能够在公益性文化机构的智能服务水平提升上大显身手，这一点已在国外机构的实践中得以印证。在"十四五"时期开展全国智慧图书馆体系建设的背景下，这方面实践对国内机构就更具借鉴意义和学习价值。通过数据驱动技术的数据采集和学习分析等技术，准确、直观地了解服务现状，提升资源个性化推荐、参考咨询等服务的精准度和效率，结合业务发展需求，对到馆读者 / 观众行为偏好进行数据采集、分析，绘制用户画像。在探索应用数据驱动技术时，也应明确有关边界，不侵犯用户个人数据隐私。和国外相比，国内公共文化机构更应该提高数据隐私和数据安全的意识，推动保护用户个人数字隐私。

3.2 国外公益性数字文化项目服务实践

与"国外公益性文化机构"的情况相似，国外也无直接对标国内"公共数字文化工程"的概念，但抓住"公益性""数字化""项目制"等关键属性，引入"国外公益性数字文化项目"概念，仍可找到一些与公共数字文化工程互为参照的项目。本节选取了10个国外国际化公益性数字文化项目，通过调研各个项目官方网站，梳理各项目建设目标、资源情况、服务途径三方面的情况，并从中归纳相应特点，从而发现对国内公共数字文化工程服务的借鉴。

3.2.1 国外公益性数字文化项目服务情况

（1）建设目标

从建设或服务宗旨的内容入手，往往是了解一个项目最开门见山、提纲挈领的方式，能够迅速抓住其建设或服务的侧重点，了解项目性质和工作开展的主要方向。在选取的10个国外公益性数字文化项目中，"建设与服务宗旨"主要包括这些项目的使命（mission）、愿景（vision）、目标（object）、行动（action）和战略（strategy）等内容。国外公益性数字文化项目建设目标见表3-1。

（2）所开展服务的资源情况

面向公众提供数字资源服务是国外公益性数字文化项目服务的基础，分析各个项目的资源总量、资源类型、资源主题以及供给的方式，可以进一步了解项目的服务情况。各项目的相关信息汇总如表3-2所示。

（3）服务途径

在建设或整合丰富多样的数字资源后，如何通过多种举措将资源推介给广大用户，不断提升资源使用的体验，对国外公益性数字文化项目也同样重要。本部分归纳各项目包括多语言服务情况、服务适配性、社交媒体服务在内的服务途径情况。表3-3所示为国外公益性数字文化项目服务途径。

表 3-1 国外公益性数字文化项目建设目标

序号	项目名称	建设目标或服务宗旨摘要
1	世界数字图书馆（World Digital Library，WDL）	世界数字图书馆项目力图保存并共享全世界最重要的部分文化客体，促进对文化珍宝和重要历史文献的获取，以便人们探索发现、深入学习和使用[23]。 主要目标包括：（1）促进国际不同文化间的相互理解；丰富互联网文化内容的数量和种类；（2）提供数字资源，服务教育工作者、研究者和普通公众；（3）赋能成员机构，缩小国家内部和国家之间的数字鸿沟[24]
2	欧洲数字图书馆（Europeana）	项目使命是以数字转换赋能文化遗产，通过发展专业技能、工具和政策来迎接数字变革，并鼓励合作伙伴培育创新，让人们将文化遗产用于教育、研究、创造和娱乐变得更加简便，为开放、博闻强识且富于创意的社会做出贡献。 项目行动包括：（1）交流协作——汇集全欧洲各领域文化遗产专业人士；（2）宣传倡导——倡导支持开放、透明和数字文化遗产再利用的数字化实践；（3）服务公众——支持所有文化遗产机构在同一标准下建设优质数字资源，通过线上资源服务惠及全世界的教育者、研究者、创意活动和文化爱好者；（4）构建能力——为文化遗产业内的机构和个人提供数字技能和实践的培训机会，以助力数字转型；（5）开发技术——为展示、分享、使用数字文化遗产提供技术解决方案，同科技机构合作，培育文化遗产领域创新[25]
3	国际敦煌项目（International Dunhuang Project，IDP）	国际敦煌项目通过超高清数字化影像翻拍技术，让流散世界各国的中国敦煌和丝绸之路文献实现数字化一站式开放获取。项目通过协调来自不同国家的文献保藏、编目和研究人员，形成一支国际化工作团队，在保护好实体文献的同时，借助互联网技术让全世界研究者和公众能免费获取这些数字化后的珍贵资源[26]
4	美国数字公共图书馆（Digital Public Library of America，DPLA）	项目使命包括：美国数字公共图书馆通过最大限度地开放获取美国的历史、文化和知识，使人们能够学习、成长，为多元化而运转良好的社会做出贡献。 项目战略主要是：（1）一站式揭示来自全美图书馆、档案馆、博物馆及其他文化机构的数百万种资源；（2）提供一个由图书馆掌控的平台，图书馆在此可为其用户采购、组织、配送电子书及其他数字内容；（3）召集图书馆领导和从业者探索并发展新技术，以服务、告知并赋能业界[27]
5	法国国家数字图书馆（Gallica）	法国国家数字图书馆是国际互联网上最大的免费数字图书馆项目之一，面向所有读者提供各类文献资源的访问获取。项目侧重馆藏法语文献遗产，致力打造百科全书式的数字图书馆，对当前主流研究趋势予以文献支持[28]。 确保尽可能多的人获取到馆藏资源是法国国家图书馆的重要使命之一，通过资源数据的国际传播，在全球数字生态系统中为法国发声，为全球知识社会特别是欧洲的文化与创新事业做出贡献[29]
6	法语国家数字网（Réseau Francophone Numérique，RFN）	项目使命：（1）丰富全世界从古至今法语文献资源的多样性；（2）帮助成员国家保存保护其文献遗产；（3）培育新兴的连续性数字化项目[30]。 项目目标：法语国家数字图书馆运用其检索查询功能，让互联网用户能在线免费获取数字化且标引后的、保藏分布在不同国家的多类型法语文献资源[31]
7	德国数字图书馆（Deutschen Digitalen Bibliothek，DDB）	德国数字图书馆项目旨在让所有人能通过互联网免费获取德国的文化和科学遗产；项目将德国境内所有文化和科学机构联成网络，确保德国在科学、研究和教育领域的连通性和竞争力，也使其独一无二的文化遗产和知识能一站式为所有人便捷获取。 提供有资质保障的优质信息，使人们不在信息洪流中迷失；联络国内文化科学机构参与，致力于建设民主型知识社会；作为欧洲数字图书馆项目的国家门户之一，为欧洲文化记忆资源整合做出贡献[32]

（续）

序号	项目名称	建设目标或服务宗旨摘要
8	伊比利亚美洲遗产数字图书馆（Biblioteca Digital del Patrimonio Iberoamericano，BDPI）	伊比利亚美洲遗产数字图书馆项目旨在通过建设门户网站，传播推广成员国文献遗产，让人们能一站式便捷获取这些文献遗产的数字资源。项目门户网站整合成员机构提交资源的元数据和书目信息，鼓励它们采纳相关国际标准，推动其馆藏的数字化、编目标准化和自动化 [33]
9	日本国立国会图书馆数字馆藏（国立国会図書館デジタルコレクション，National Diet Library Digital Collection，NDLDC）	日本国立国会图书馆的使命之一就是收集日本国内出版发行的所有出版物，并将其保藏给后人；使用数字资源而非原始的实体资源，有益于实体资源在更好的条件下保藏。为将国立国会图书馆数字化后的资源回馈社会，推动对日本文化资产的利用，将已解决版权问题的数字资源提供互联网发布服务 [34]
10	数字新西兰（DigitalNZ）	数字新西兰项目与新西兰国内外超过 200 家机构合作，整合新西兰相关主题资源，使之更易在互联网上被检索到，致力于成为公众获取可信赖的新西兰资源最直观简洁的网站，通过 API 应用，以全新方式创造、描述、许可、存储、揭示并共享新西兰数字资源 [35]

表 3-2 国外公益性数字文化项目相关信息汇总

序号	项目名称	资源总量	资源类型	资源主题	资源权限及获取方式
1	世界数字图书馆	19147 个条目	图像及摄影作品、报纸、图书、手稿、期刊、地图、录音制品、影片	历史和地理、艺术美术和装饰艺术、计算机科学、社会科学、宗教、应用科学、文学和修辞、自然科学和数学、语言、哲学和心理学	免费访问；可下载对象数据
2	欧洲数字图书馆	超过 5800 万个条目 [36]	图像、文本、音频、视频、实物	艺术、考古、时尚、手抄本、地图和地理、移民、音乐、博物学、报纸、摄影、运动等 452 个主题 [37]	免费访问；只有标为“公有领域”的资源才可获取对象数据
3	国际敦煌项目	143289 个目录条目 [38]	图像	绘画、艺术品、纺织品、抄本、历史照片、地图、编目及内容信息	免费访问元数据并获取对象数据
4	美国数字公共图书馆	41736422 个条目	图像、文本、视频、音频	美国历史、美国文学、科学技术、世界历史、艺术、非裔/亚裔/拉丁裔美国人、劳动史、法律与政府、移民、美国原住民、社会运动、女性 [39]	可免费访问元数据，但能否获取对象数据要视其具体版权状况而定
5	法国国家数字图书馆	7883696 个线上文献 [40]	图书、报刊、图像、地图、视频、音频、乐谱、手稿、实物	艺术、娱乐、运动、法律、经济、政治、历史、文学、哲学、社会科学、科学	免费访问、查看对象数据，并可下载获取部分非高清图像资源
6	法语国家数字网	1635 个条目	图书、图像、报刊、地图、音频、手稿、乐谱	地理和旅行、法国历史、地理史、非洲史、欧洲史、法语文学、公共行政、法律、经济、语言、医药、政治等 20 个主题	免费访问、查看对象数据，并可下载获取部分非高清图像资源
7	德国数字图书馆	11596425 个已数字化条目①	文本、图像、视频、音频、未数字化条目 [41]	未单独对已数字化条目进行内容主题分类	可免费访问元数据，但能否获取对象数据要视其具体版权状况而定

① 截至 2020 年 12 月 23 日，项目共揭示 35561128 个条目，其中 11596425 个为已完成数字化的条目。

（续）

序号	项目名称	资源总量	资源类型	资源主题	资源权限及获取方式
8	伊比利亚美洲遗产数字图书馆	407454 个条目	图书、图像、音频、手稿、报刊、地图、网站、视频等	地图、文学与文学评论、手稿、音乐、乐谱、摇篮本、饮食、报刊、巴拉圭战争、故事传说、地理与旅行、动物、植物[42]	可免费访问元资源，但能否获取或访问对象数据要视其具体版权状况而定
9	日本国立国会图书馆数字馆藏	超过 350 万个条目	图书、图像、音视频、文本	图书、典籍、期刊、博士论文、官方公报、近现代日本宪政资源、战后盟国占领日本资料、戈登·W. 普兰治文库、电子书刊、音视频、历史的声音	标记为"互联网公开资源"的可免费访问获取，其余仅提供元数据免费浏览，需到馆或通过成员馆获取资源
10	数字新西兰	31638019 个数字化条目[43]	图书、报纸、地图、照片、音视频、艺术品、手稿、乐谱、新闻报道等	未单独对已数字化条目进行内容主题分类	对所有资源进行版权细分，除"版权所有"和"版权不明"外，其余资源均可不受限制跳转访问、编辑、使用[44]

表 3-3　国外公益性数字文化项目服务途径

序号	项目名称	界面语言	服务端	社交媒体平台
1	世界数字图书馆	阿拉伯文、英文、西班牙文、法文、葡萄牙文、俄文、简体中文	官方网站 适配移动端访问	推特（Twitter）
2	欧洲数字图书馆	英、法、德、意、西、葡等 24 种欧洲国家语言	官方网站 适配移动端访问	脸书（Facebook）、推特、领英（LinkedIn）、拼趣（Pinterest）、Instagram
3	国际敦煌项目	英文、繁体中文、俄文、日文、德文、法文、韩文	官方网站	脸书、YouTube、Flickr（雅虎网络相册）、Blogspot、美味书签（Delicious）
4	美国数字公共图书馆	英文	官方网站 适配移动端访问	脸书、推特、汤博乐（Tumblr）、Instagram
5	法国国家数字图书馆	法文、英文、德文、意大利文	官方网站 移动端 iOS 及安卓系统 APP	脸书、推特、拼趣、Instagram
6	法语国家数字网	法文	官方网站 适配移动端访问	无
7	德国数字图书馆	德文、英文[45]	官方网站 适配移动端访问	脸书、推特、Instagram
8	伊比利亚美洲遗产数字图书馆	西班牙文、葡萄牙文、英文	官方网站 适配移动端访问	无
9	日本国立国会图书馆数字馆藏	日文、英文	官方网站	脸书、推特、YouTube
10	数字新西兰	英文、毛利文	官方网站	脸书、推特

3.2.2 国外公益性数字文化项目服务特点

（1）深层揭示资源，聚合文化专题

本次选取的 10 个国外公益性数字文化项目都将提供数字资源服务作为主要服务内容，在各项目的建设目标中，基本都强调了文化资源的数字化、网络化供给，实现公益性文化机构馆藏文化遗产资源的数字化存储和传播，让所有公众都能通过互联网访问获取到这些资源。为便于公众发现、检索资源，国外项目大都在资源揭示层面下大力气，通过各种精细分类揭示资源的内容、来源、格式、学科主题、所属年代、版权状况等属性。对现有资源应在精细化揭示的同时，这些项目普遍注重资源在各类社交媒体、新媒体上的推广传播，会定期在官方网站、博客或社交媒体账号上策划推出特别专题，梳理展示一系列主题资源，公众可以通过项目开展研究学习、创意利用。

在资源内容主题划分上，历史、艺术、文学、地理、社会科学是主题分类的“公约数”，有些项目还会结合地区和国家特色，开设特色主题：如美国数字公共图书馆的“非裔 / 亚裔 / 拉丁裔美国人”“原住民”“移民”等主题，反映美国多族裔、移民建国的历史发展特色；日本国立国会图书馆数字馆藏中关于明治维新以来日本政治和二战后盟军占领的相关历史文献也是选取项目中特色主题划分的代表。

（2）促进开放获取，注重版权保护

自 20 世纪 90 年代末以来，国外公益性文化机构借助数字化加工和互联网技术，向公众提供免费数字资源服务。这种实践正是众多国外公益性数字文化项目服务的肇始，也是对开放获取（Open Access）原则的身体力行。开放获取原则的一大目标是确保所有公众能借助互联网技术，平等、免费地获取到信息资源，以最大程度地促进知识传播，消除各种原因导致的数字鸿沟现象。与此同时，国外对版权的保护及相关法律的执行也非常严格，为兼顾资源开放获取和版权保护，国外公益性数字文化项目在资源服务实践中做了三种处理：一是将馆藏自有版权或已进入公有领域的文献作为数字化加工的“基本盘”，从源头解决版权问题；二是以元数据信息整合发布的方式展示资源，公众需点击链接跳转至保藏机构网站才能视具体版权状况获取资源对象数据，不因版权限制而影响资源采集；三是在项目网站上详细标注资源版权状况及使用范围，做到事前告知。国外公益性数字文化项目根据资源版权情况，或是提供免费的资源获取，或是充分揭示相关资源，最终方便为教育者、研究者、创意活动和文化爱好者提供便捷的服务。

（3）广泛开展合作，共同提升服务

在考察上述国外公益性数字文化项目的建设宗旨过程中，可明显注意到它们大都不局限于项目自身，有着项目之外跨机构、跨行业、着眼国家和社会的广阔视角，具体可分为以下三个层面。

第一层立足项目资源建设，通过整合本国资源，为更大规模的区域性国际项目做贡献。以法国国家数字图书馆和德国数字图书馆为例，这两个项目既是国家级的数字图书馆项目，也是欧洲数字图书馆项目在法、德两国的国家级资源门户，为欧洲数字图书馆提供了大量本国数字资源。作为欧洲各国数字图书馆建设的领航项目，法、德两国的国家级数字图书馆项目建设带动了区域资源整合的项目，为项目奠定了资源基础，带动了区域内其他国家机构参与其中。

第二层着眼项目实施机构，以项目建设为纽带，增进不同公益性文化机构之间的交往联络。国际敦煌项目以敦煌和丝绸之路文献遗产为核心，通过数字化项目将全世界敦煌文献保藏机构汇聚一起。德国数字图书馆项目力图让国内所有文化和科研机构参与进来，通过项目将它们联成一体，向公众提供一站式、有机构资质背书的信息资源服务。

第三层放眼项目所处行业，通过项目实施开展，带动业界服务实践和技术应用提档升级。欧洲数字图书馆和美国数字公共图书馆都将"技术开发"单列为一个工作方向，通过项目实施在业界推广并应用相关新技术，以期为用户带来更好的资源及其他服务体验；伊比利亚美洲遗产数字图书馆则强调通过项目实施，促进成员国机构在编目、数字化等图书馆业务实践的标准化，提升业内机构专业水平，使其资源数据信息能更好地与国际接轨。

（4）关注服务细节，提升用户体验

国外公益性数字文化项目在提供资源服务时也始终重视用户体验，这点首先体现在其网站的多语言浏览功能上：以上选取的10个项目中，除英、美两国的两个项目外，其他项目均提供包括英语在内的多语言浏览服务，让全世界公众都有机会去发现、探索项目资源。对用户使用体验的追踪反馈，国外项目主要通过在社交媒体上开设账号或者在项目网站上运维官方博客的方式进行，通过专题策划、定期推送、留言互动等形式，主动了解公众对资源的使用偏好及需求，有时还联合其他公益性文化机构策划主题展览等线下活动，促进知识信息获取的线上线下融合。

3.2.3　国外公益性数字文化项目的借鉴意义

与国外公益性文化机构开展的"互联网"服务相似，国外公益性数字文化项目有一定的优势，在挖掘文化内容、精细化资源揭示、广泛开展社会化合作等方面有一定的借鉴意义。

（1）深度挖掘资源内容，促进资源服务转型

相比国内公共数字文化工程，国外公益性数字文化项目在资源建设方面以自建和联建资源为主，对资源的精细化标引、对内容的深度挖掘和主题化揭示是项目资源服务的侧重点。国内公共数字文化工程建设至今已逾十年，建设了大量的自建资源，构成了公共数字文化工程服务的基础，但这些资源也存在重建设、轻揭示、使用率偏低的问题。不妨参考国外公益性数字文化项目的资源建设实践，下大力气挖掘数字文化资源，对资源进行深层揭示，让珍贵的、富含文化价值的资源内容更广泛、更精准、更便捷地呈现在公众面前。

在信息技术快速迭代升级的"互联网+"时代，不论工程自身还是作为实施主体的公共文化机构，一定要有清醒的自我认知，切莫急功近利、本末倒置，因"重技术轻资源"导致"形式大于内容"，选择一条既不适合自身也难以持续发展的服务道路。公共数字文化工程在资源服务领域应实现从"简单的数字化制作加采购补充"到"专业深度知识服务"的转型，唯有如此才能充分发挥机构优势，为公众提供高质量的公共数字文化资源服务。

此外，国外公益性数字文化项目提供的资源都在版权许可范围下服务，公共数字文化工程所服务的资源内容，需要根据资源的版权状态，做好资源整合揭示，视情况提供资源供给或揭示，在尊重版权的前提下极大拓展文化资源揭示的覆盖范围。

（2）支持社会力量参与，形成多元服务供给

公共数字文化工程作为惠及全国公众的国家级数字文化项目，更应参考国外公益性数字文化项目整合一国或多国所有相关机构馆藏资源的做法，打破机构、行业间的壁垒，整合揭示数字化加工后的机构馆藏资源元数据。公共数字文化工程在开展数字文化服务时，应突破图书馆、文化馆的边界，更广泛地加强与各类文化机构、高校、科研机构的合作。

另一方面也应该突破政府单一供给的格局，鼓励和支持各种社会力量参与到公共数字文化建设中[46]。在互联网环境下，诸如互联网企业、社会团体、公益组织等社会力量有想法、有创意、善于经营、能够适应市场，公共文化机构有场地、有政府的背书、群众的认同，两者优势互补[47]。通过社会力量参与到公共数字文化工程服务中，能够极大地发挥社会力量参与的积极性和创造性。

（3）拓宽用户沟通渠道，加强需求反馈机制

注重资源服务方式中的细节问题，充分考虑用户的使用习惯，是国外公益性数字文化项目的服务亮点之一。相比之下，国内公共数字文化工程在顺应信息时代发展潮流、开发移动终端和新媒体服务方面的创新实践已相当丰富，一些服务在展示形式上也比国外同类项目要炫目得多，但如前文所述，公共数字文化工程在服务过程中主要以单方向的展示和供给为主，在与服务受众沟通交流、捕捉用户对公共数字文化服务需求方面还有所欠缺，需要探索改进工程的新媒体服务方式。另一方面也可借鉴国外项目在持续开展专题资源推荐，深度揭示资源的基础上，形成持续化、常态化的资源推荐，引导公众参与文化资源的传播利用。

参考文献

[1] wikipedia. GLAM（industry sector）[EB/OL]. [2020-11-23]. https://en. wikipedia.org/wiki/GLAM_（industry_sector）？ wprov=sfti1.

[2] Charnigo L，Barnett—Ellis P.checking Out Facebook.com：The Impact of A Digital Trend on Academic Libraries[J]. Information Technology & Libraries，2007，26（1）：23-34.

[3] Abdullah N，Chu S. Exploring Libraries' Efforts in Inclusion and Outreach Activities Using Social Media[J]. International Journal of Libraries & Information Services，2015，65（1）：34-47.

[4] 刘竟，张禄芬，崔欣卉 . 国外图书馆社交媒体研究热点分析及启示 [J]. 图书馆学研究，2019（02）：12-17+82.

[5] Scott W H，Young. Building Library Community Through Social Media[J]. Information Technology and Libraries，2015，34（1）：20-37.

[6] Rossmann，D. and Young，S. W. H. . Social Media Optimization：Making Library Content Shareable and Engaging[J]. Library Hi Tech，2015，33（4）：526-544.

[7] Xie，I. and Stevenson，J. A. . Digital libraries：harnessing Twitter to build online communities[J]. Online Information Review，2019，43（7）：1263-1283.

[8] Hamilton，B. J. . Case profile：Ellen Hampton Filgo[J]. Library Technology Reports 2012，48（2）：16-20.

[9] Sung，H. Y. ，Hepworth，M. ，Ragsdell，G. . Investigating Essential Elements of Community Engagement in Public Libraries：an Exploratory Qualitative Study[J]. Journal of Librarianshipand Information Science 2012，45（2）：1-13.

[10] Bot J A，Copeland A，Flynn T，et al. 3D/VR in the Academic Library：Emerging Practices and Trends [C/OL]. Arlington：Council on Library and Information Resources，2019.

[11] Booth Char，Brecher Dani. Ok，Library[J].college & Research Libraries News，2014（5）：234-239.

[12] 北卡罗来纳州立大学图书馆官方网站 [EB/OL]. [2021-11-23]. https：//www.lib. ncsu. edu/do/wearables.

[13] New Dimensions in Testimony[EB/OL].（2016-11-13）[2021-11-23]. http：//ict. usc. edu/prototypes/new-dimensions-in-testimony/.

[14] 文化庁文化財部伝統文化課 . 文化財の観光活用に向けた VR 等の制作・運用ガイドライン [EB/OL]. [2021-11-23]. http：//www.bunka. go. jp/tokei_hakusho_shuppan/tokeichosa/vr_kankokatsuyo/index.html.
[15] 曽我麻佐子，芝公仁，丹羽勇介，等 . 練り供養のアーカイブと博物館における活用（〈特集〉サービス現場・日常生活に浸透する VR/AR）[J]. 日本バーチャルリアリティ学会論文誌，2014，19（3）：405-412.
[16] Walk 1916：a Mobile Easter Rising Experience[EB/OL]. [2021-11-23]. https：//apps. apple.com/cn/app/walk-1916-a-mobile-easter-rising-experience/id1090700318 ？ l=en.
[17] Malliri A，Siountri K，Skondras E，et al. The Enhancement of Underwater Cultural Heritage Assets Using Augmented Reality（AR）[J]. International Archives of the Photogrammetry，Remote Sensing and Spatial Information Sciences，2019，42（2/W10）.
[18] Kim，Y. -s. ，Cooke，L. . Big Data Analysis of Public Library Operations and Services by Using the Chernoff Face Method[J]. Journal of Documentation 2017，73（3）：466-480.
[19] Huwe，Terence K. ，Big Data and the Library：A Natural Fit[J]. infotoday.com，2014：17-18.
[20] Simović，A. . A Big Data Smart Library Recommender System for an Educational Institution[J]. Library Hi Tech，2018，36（3）：498-523.
[21] Briney，Kristin A. . Data Management Practices in Academic Library Learning Analytics：A Critical Review[J]. Journal of Librarianship and Scholarly Communication，2019：2268.
[22] 王子舟，张歌，曾丽莹，等 . 服务创新要守“本”有“度”——关于图书馆娱乐化趋向的讨论 [J]. 图书馆论坛，2017，37（005）：40-46.
[23] World Digital Library. About the World Digital Library. Mission and Objectives [EB/OL]. [2020-11-23]. https：//www.wdl.org/en/about/.
[24] Bibliothèque Numérique Mondiale. À Propos de la Bibliothèque Numérique Mondiale-Mission et Objectifs [EB/OL]. [2020-11-23]. https：//www.wdl.org/fr/about/.
[25] Europeana. About Us [EB/OL]. [2020-12-1]. https：//pro. europeana. eu/about-us/mission.
[26] International Dunhuang Project. About IDP[EB/OL]. [2020-12-03]. http：//idp. bl. uk/pages/about. a4d.
[27] Digital Public Library of America. Strategic Roadmap，2019-2022 [EB/OL]. [2020-11-23]. https：//pro. dp. la/about-dpla-pro/strategic-plan.
[28] Bibliothèque Nationale de France. Gallica，la Bibliothèque numérique de la BnF et de ses partenaires[EB/OL]. [2020-12-11]. https：//www.bnf. fr/fr/gallica-la-bibliotheque-numerique-de-la-bnf-et-de-ses-partenaires.
[29] Bibliothèque Nationale de France. Les missions de la BnF. Assurer l’accès du plus grand nombre aux collections[EB/OL]. [2020-12-11]. https：//www.bnf. fr/fr/les-missions-de-la-bnf.
[30] Réseau Francophone Numérique. À PROPOS. Mission[EB/OL]. [2020-12-07]. http：//www.rfnum.org/pages/a_propos/mission.html.
[31] Une bibliothèque pour 300 millions de lecteurs[EB/OL]. [2020-12-07]. http：//rfnum-bibliotheque.org/rfn/fr/bibliotheque_francophone_numerique.
[32] Deutsche Digitale Bibliothek. Über uns[EB/OL]. [2020-12-07]. https：//www.deutsche-digitale-bibliothek.de/content/ueber-uns.
[33] Acerca de BDPI. Qué es BDPI ？ [EB/OL]. [2020-12-07]. http：//www.iberoamericadigital. net/es/acerca-de-bdpi/.
[34] 日本国立国会図書館 . デジタル化の目的 . 国立国会図書館デジタルコレクションパンフレット [EB/OL]. [2020-12-08]. https：//www.ndl. go. jp/jp/dlib/project/pdf/digitized_contents. pdf.
[35] Digital NZ. About Digitalnz[EB/OL]. [2021-01-18]. https：//digitalnz.org/about.
[36] Europeana Strategy 2020-2025[R/OL]. [2020-12-17]. https：//pro. europeana. eu/files/Europeana_Profes-

sional/Publications/Europeana%20Strategy%202020%20-%202025. pdf.
[37] Europeana. Topics of Collections[EB/OL]. [2020-12-17]. https: //www.europeana. eu/en/collections/topics ? page=1.
[38] International Dunhuang Project. About IDP. Statistics[EB/OL]. [2020-12-17]. http: //idp. bl. uk/pages/about_stats. a4d.
[39] Digital Public Library of America. Primary Source Sets[EB/OL]. [2020-12-18]. https: //dp. la/primary-source-sets.
[40] Bibliothèque Nationale de France. Gallica en chiffres[EB/OL]. [2020-12-18]. https: //gallica. bnf. fr/GallicaEnChiffres.
[41] Deutsche Digitale Bibliothek. Hilfe. Medientypen[EB/OL]. [2020-12-21]. https: //www.deutsche-digitale-bibliothek. de/content/hilfe/medientypen.
[42] La Biblioteca Digital del Patrimonio Iberoamericano. Colecciones Destacadas[EB/OL]. [2020-12-21]. http: //www.iberoamericadigital. net/es/colecciones-destacadas/.
[43] Digital NZ. Explore Digitalaz [EB/OL]. [2021-01-18]. https: //digitalnz.org/explore.
[44] Digital NZ. By Usage[EB/OL]. [2021-01-18]. https: //digitalnz.org/explore.
[45] Deutsche Digitale Bibliothek. Hilfe. Sprache[EB/OL]. [2020-12-21]. https: //www.deutsche-digitale-bibliothek. de/content/hilfe/sprache.
[46] 新华网 . 文化部：破除政府单一供给让社会力量参与公共数字文化建设 [EB/OL].（2017-09-15）[2021-06-19]. http: //www.xinhuanet.com/politics/2017-09/15/c_129705343.htm.
[47] 金华日报 . 社会力量参与公共文化服务打造“文化金华”[EB/OL].（2020-10-27）[2021-06-19]. http: //www.jinhua.gov.cn/art/2020/10/27/art_1229159979_59079359.html.

第 4 章 国内“互联网 + 公共文化”服务创新探索

近年来，我国公共文化领域、各类文化机构应对互联网发展的服务创新举措层出不穷，涌现出大量的公共数字文化服务案例。本部分通过文献查阅、网络调研等方式，总结了图书馆、文化馆、博物馆、美术馆等公共文化机构开展的服务创新案例，为公共数字文化工程面对“互联网 +”创新服务提供经验借鉴，为各级公共数字文化建设提供启示。这些案例主要可以归纳为五个方面：一是借助互联网新技术的应用，推动公共文化服务内容、服务形式的创新；二是结合互联网思维，采用互联网的营销手段，重塑公共文化资源和服务的传播模式，扩大了公共文化的线上影响；三是公共文化服务正在通过线上线下一体化，逐步形成服务的闭环，形成从文化资源线上供给到文化活动线下参与体验的闭环；四是多方联动、协同合作、扩大影响成为公共文化机构丰富服务内容、强化服务效能的必然选择；五是互联网时代文化与旅游的融合，扩大了公共文化服务的内涵和途径。

4.1 服务创新案例分析

“十三五”期间，各类公共文化机构开展了大量的服务实践，其中图书馆、文化馆的服务创新呈现出新理念、新模式、新技术、新内涵的特点，具体包括了新技术应用创新、营销推广模式创新、线上线下服务一体化、多元的社会化合作、文旅融合的新动能五个方面。

4.1.1 新技术应用创新

近年来，大数据、人工智能、虚拟现实、5G、区块链等新一代技术飞速发展，具体应用也开始融入各行各业。以人工智能、虚拟现实等为代表的技术在公共文化机构的应用也越来越广泛。各类公共文化机构借助新技术的应用，推动了公共文化服务内容、服务形式的创新。

首先是以物联网、大数据、人工智能为代表的信息技术推动业务重塑、服务创新。2017 年就有学者将“人工智能”列为图书馆发展的 10 个热门话题之一，提出图书馆界要利用人工智能提升业务与服务的效能 [1]。国内部分图书馆在实践中也通过积极引入智能机器人等途径推动业务创新发展。2018 年，上海图书馆引入了第一台参考咨询机器人“图小灵”，主要在办证处和中文书刊外借室面向读者提供咨询，既可以回答一些简单的业务问题，作为参考咨询工作的辅助，也可以帮助读者查询路线、天气等日常信息，还能陪读者聊天 [2]。为解决人力资源的局限，更好地适应不同场景，上海图书馆在 2019 年又引进了 Pepper 机器人作为“图书馆管理员”。Pepper 可以通过流畅的语音及图像交互等形式，指引读者，尤其是帮助第一次来中文书刊外借室的读者完成查书、自助借还书等操作任务。同时，上海图书馆定期统计读者最常见的基础业务问题，及时制定常见问答知识库，并定期更新 Pepper 语音数据库，回答读者提出的专业问题和寒暄问答等，辅助业务咨询与办理。另外，Pepper 还可以通过定制化开发的 3D 摄像头，实现对图书、借阅卡等的信息扫描功能，完成图书识别、介绍及相关类目图书推荐等任务，甚至于帮助读者进行更进一步的图书借阅服务[3]。

其次是以虚拟现实（VR）、增强现实（AR）为代表的信息技术吸引公众的参与、增强公共文化服务的体验效果。虚拟现实（VR）、增强现实（AR）、全景显示等新技术可以为用户提供实体场景或虚拟场景，通过特定设备与用户进行实时互动，为用户提供沉浸式的体验服务[4]，在各行业应用相当广泛，也给公共文化机构开展服务提供了新的方式。部分图书馆在馆区设置互动体验空间时，专门设立相应 VR/AR 体验区。比如黑龙江省图书馆创新空间为读者提供多视点虚拟现实体验，包括自然科学、走遍世界、神秘宇宙、红色资源、安全科普、禁毒教育、四合院迎春礼花互动场景等；青海省图书馆数字图书馆开设的 3D/VR 体验区配置全系列裸眼 3D 电影设备及 VR 设备，集中或分区域为读者提供多类型、全方位多元化的 3D 世界观感体验。今日美术馆推出的“今日未来馆”是在 360° 全景展览和艺术展数字化网络基础上打造的云空间美术馆，主要是由三部分组成，包括实体展览、虚拟展览及第三方 AR 展览。其中虚拟馆主要用于展示艺术家们物理空间无法展示的艺术作品，空间可以承载上万个展览。作为实体馆和虚拟馆的互动，部分作品还能通过 AR 技术提高艺术作品带来冲击感以及趣味性，增强观众的互动体验[5]。国家图书馆与中国图书进出口（集团）总公司、华为技术有限公司在国家图书馆北区二层共建了新阅读空间，包括“沉浸式”阅读体验区和国图书房两个部分。其中，“沉浸式”阅读体验中心利用 5G、全景视频、VR 等数字技术打造了“全景展厅”和“阅读树”，丰富了图书、古籍等的视觉观感，让读者可以通过裸眼大屏以及移动 VR 等方式实现立体、多维的沉浸式阅读体验[6]。

4.1.2　营销推广模式创新

公共文化机构近些年也结合互联网思维，采用互联网的营销手段，重塑公共文化资源和服务的传播模式，扩大了公共文化的线上影响。“互联网 +”时代，电视广告、平面媒体、户外广告等传统的营销推广模式已不能满足各类机构和企业的需求；随着互联网技术尤其是移动互联网的发展，以新媒体等为代表的网络营销模式逐步成为各类服务和活动的首选方式，一些公共文化机构积极利用社交媒体营销、在线直播、培育文化主播、文化地标打卡等形式进行服务的宣传推广，起到了良好的推广传播效果。

第一，公共文化服务通过社交媒体进行宣传营销，以互联网的互动技巧拉近与公众的距离。微博、微信等社交媒体具有传播速度快、传播范围广、成本低等优势，是当下包括公共文化机构在内各类机构营销推广的渠道之一。例如，辽宁省图书馆举办的“童阅乌托邦”少儿公益阅读活动，主要面向 3 ~ 8 岁读者及其所在家庭，以分享绘本、讲读国学、手工制作、互动游戏、玩具体验、推荐阅读书目、展览及儿童文化集市等多种形式进行阅读推广。活动前期主要借助网站、微信、QQ 等方式进行宣传，中期采用线下体验与 QQ 群互动、线上直播等深度融合方式参与，后期经过多种渠道的网络问卷调查评估活动效果，不断强化阅读推广活动的品牌影响力，曾入选“2016 年全国基层文化志愿服务活动百个典型案例”[7]，2017 年被第 14 届国际图联国际营销大奖赛评委会提名为 10 个最富于启发性的项目之一，受到广大读者的欢迎与好评[8]。2020

年世界读书日期间，国家图书馆联合新浪微博发起“全民读书季”第二季微博互动系列活动，开展了“种书计划”“微博故事挑战赛”“人生著书书名大赛”“锦鲤大奖”“读书挑战赛”“荐书接力赛”等活动，号召读者通过不同方式分享阅读故事、共享阅读生活。活动吸引了47家公共图书馆、文化馆等共同参与，话题阅读增量达到8.4亿次，3次登上微博热搜榜，充分展示了微博这一社交媒体的覆盖面和影响力，增强了活动的实际效果。

第二，通过网络直播实现公共文化更广泛、更便捷的传播。网络直播随着技术的发展，逐渐成为增长迅速的新兴行业，直播教育、直播电商、直播游戏等行业市场正在不断完善。智研咨询发布的报告显示，截至2019年6月，国内观看直播的用户达到4.3亿人次[9]。2020年，疫情让众多行业线下服务停滞，进一步推动了直播等线上服务的火爆。公共文化机构顺应时代发展，积极开展各类服务的在线直播，逐渐成为公众接受公共文化服务的一种新常态。2020年初，在国家文物局的指导下，中国国家博物馆、敦煌研究院、山西博物院、辽宁省博物馆、广东省博物馆、浙江省博物馆、山东博物馆、湖南省博物馆、南京博物院等单位联合在抖音平台推出直播活动——“在家云游博物馆”，各馆的讲解员以及跨界嘉宾对馆内重要线上展览进行直播，为公众讲解珍贵文物，受到网友们一致好评[10]。2020年4月5日、6日，受疫情影响闭馆的故宫博物院，联合新华社、新华网、人民日报、人民网、百度APP、腾讯网、抖音等多个平台举办了首次闭馆期间的直播，工作人员与公众一起“云游”故宫；数据显示，三场直播期间，新华网客户端的直播间涌进了3492万人次，观众留言近6万条[11]。2020年8月23日，中央文明办、文化和旅游部、中央广播电视总台共同启动“央视频号·文化志愿者专列”贫困地区文旅资源推介活动，由著名主持人、明星艺人、非遗手艺人、文化学者、文旅专家以及来自中国东方演艺集团、中央民族乐团、中国交响乐团、中国煤矿文工团等十大国家艺术院团的艺术家等组成文化志愿者，用两个月的时间，通过5G新媒体平台“央视频”平台，连续开展了7场大型直播活动。活动采取“文化内容+大咖直播”的形式，通过让志愿者现场体验、地方连线等方式，从建筑、手工艺、风景、美食、音乐等多个维度，深入挖掘52个贫困县的优势资源和别样魅力，让观众在直播互动中获得视觉、听觉、味觉等多感官享受，帮助当地文化旅游资源和特色农产品、非农产品等“被看到”和“走出去”[12]。

第三，以文化主播切身的讲述和推荐，创新公共文化服务。不同于网红直播、明星直播的营销模式，公共文化机构在积极挖掘、培养机构内部的优秀人才，利用主播身份推广自身提供的服务。例如，2019年4月，济南图书馆启动“交享阅”领读人活动，由济南图书馆专业素养较高、热爱阅读和分享的青年馆员作为分享嘉宾，每月向读者推荐经典或热门的高质量馆藏图书。活动开展之初主要以现场活动为主，同时也融合新媒体形式，尝试通过手机进行直播，实现线上线下的互通。2020年，“交享阅”领读人活动也创新服务模式，馆员领读人作为主播，利用微博直播、直播平台等，以“书播”形式面向读者开展线上直播活动。截至2020年10月，已经成功举办线下读书会活动18期，线上直播活动27期，推荐了经典阅读系列《论语》《孟子》，人物传记系列《凡·高传》《李清照传》，作家系列《我们仨》《呼兰河传》，烧脑挑战系列《中国哲学简史》《美的历程》等，兼顾传统与现代、热门与冷门的不同类型图书[13]。

第四，制造文化地标，吸引公众的参与打卡和在线表达，形成口碑效应。图书馆等公共文化设施是城市重要的文化地标，近年来不少新建的建筑因其艺术造型、形象和环境设计等设计前卫、功能一流，受到公众的喜爱，成为“网红”打卡点。例如，天津市滨海新区图书馆建筑外观酷似“眼睛”的造型，建筑内中庭由“球形报告厅”和“书山”构成，球形报告厅是一个外径 21 米的球体，全彩 LED 外球幕可以显示多种图案和文字，内部多功能报告厅可举办各类公益文化活动；“书山”中有 34 级白色波浪形台阶以及虚实相间的书架，造型寓意“书山有路勤为径”和“书籍是人类进步的阶梯”。天津市滨海新区图书馆屡屡获得“世界上最酷的图书馆”“2018 年全球最值得去的 100 个地方之首”等赞誉，被多家国内外媒体专题报道和介绍[14, 15]。坐落在秦皇岛北戴河地区的三联书店海边公益图书馆更加个性十足，距离大海不足百米，周围几乎没有知名景点，藏书也不过万余册，却因其遗世独立的感觉，给予了公众个性化极强的阅读心理，被称为“最孤独”的图书馆，吸引了各地的读者前来参观打卡[16]。不论是滨海新区图书馆，还是三联书店海边公益图书馆，都已成为当地的“文化地标”和“网红”打卡地，图书馆也乐于借助“网红”的身份吸引更多公众了解图书馆、走进图书馆，从而为公众提供更优质、更高质量的公共文化服务。

4.1.3 线上线下服务一体化

互联网对各个行业的影响，一个重要方面就是促进线上线下一体化服务。公共文化服务正在通过线上线下一体化，形成从文化资源线上供给到文化活动线下参与体验的服务闭环。一方面，大部分公共文化机构都开始向数字化转型；另一方面，曾经以线上资源供给为主的公共文化服务也通过举办线下活动等方式吸引公众，线上线下一体化成为发展的趋势。线上线下融合的模式不仅可以通过宣传和展示吸引更多用户参与、利用公共文化机构提供的各类服务和活动，同时线上技术的使用也可以使服务的效果可以量化，方便评估，能够更高效地配置资源，最大限度地优化服务效果[17]。

首先，以数字资源供给、在线服务为主体的项目，正在探索线下的互动。江苏省少儿数字图书馆联合建设项目是江苏省公共数字文化重点项目，该项目由江苏省文化和旅游厅指导、南京图书馆牵头，全省 100 多家公共图书馆共同参与建设。该项目利用包括网站、数字资源实体产品、手机移动应用在内的各种新媒体手段，建立集数字阅读、互动体验与活动开展于一体的公共文化服务平台，探索形成“少儿阅读线上线下互动、少儿活动全省推广联动、少儿工作实时交流沟通、少儿家长积极参与活动、少儿资源商全程支持项目”的新型多维服务模式。项目建设运行以来，吸引了很多少年儿童了解图书馆、走进图书馆，让更多少年儿童在活动中获得了快乐、知识和成长。2018 年，在中国图书馆学会举办的第一届公共图书馆创新创意征集推广活动中，该项目荣获了“最佳创新奖”[18]。早在2017年，杨浦图书馆就推出了图书网借平台“书界”，提供免押金、免办卡的网上借书、线下还书服务。2020 年 9 月 28 日，由杨浦图书馆倡议，昆山市图书馆、吴江图书馆、六安市图书馆、扬州市图书馆、金陵图书馆、鄞州区图书馆、武进图书馆、吴中区图书馆、南京六合区图书馆、无锡市锡山区图书馆、南京江北新区图书馆等12家公共图书馆签署成立“长三角公共图书馆网借图书服务联盟”。截至2020年9月，包括“书界”在内，联盟成员馆在长三角地区已设立 127 个图书自助借阅服务点，为区域公共文化服务水平提升，以及全民阅读和书香社会建设增添了助力[19]。

其次，面对互联网环境，各类公共文化活动统筹了线上线下一体化服务。国家图书馆依托数字图书馆推广工程，连续多年开展了“童音诵古韵·经典有新声”全国少儿诗词在线诵读活动，主要通过线上微信端、PC 端参与，线下活动辅助的形式面向全国 6 ~ 12 岁的少年儿童开展。活动选取“文津经典诵读”等国家图书馆自建的优质传统文化数字资源以及儿童读物、诵读技巧、家庭教育等电子图书资源，吸引家长和少年儿童通过微信公众号、微信小程序等在线途径阅读、传播与参与活动；各地公共图书馆也积极在线上配合，同时组织开展了培训、讲座、汇报演出、诵读比赛等各种形式的线下活动。活动所开展的线上活动简单、易参与，线上界面上大量采用手绘插图呈现诗词之美，通过个人录制作品的方式激发阅读兴趣，吸引了大量公众参与。线下由各地图书馆开展诵读培训、诵读表演等活动，极大地激发出孩子们的参与兴趣，强化了各地公众到图书馆知识殿堂的参与感。

最后，线下群众性文化活动采取在线直播，并通过在线互动的形式，吸引了大量公众在线观看，扩大了公共文化的覆盖面。乡村春晚是当代乡村群众自办活动迎接新春的文化习俗，同时也是国家公共文化服务体系示范项目之一。活动最早是由丽水市庆元县月山村几个农民自发创办的乡村节庆文化活动，目前已经发展为全国性的乡村文化活动，自 2017 年起每年都举办全国乡村春晚百县万村网络联动活动。除现场活动外，文化和旅游部全国公共文化发展中心还会选取全国具有地方民俗特色的数台乡村春晚，通过中国文化网络电视、国家公共文化云等平台面向全国观众进行网络直播，并在直播过程中，同步开展丰富多彩的游戏、话题等线上互动；活动结束后，直播视频也会通过中国文化网络电视机顶盒、公共文化一体机、国家公共文化云等进行展播与回顾。活动通过线上线下联动的形式，增强了居民参与活动的热情，推动了乡村春晚活动品牌的打造，进一步完善了乡村公共文化服务。

4.1.4 多元的社会化合作

"互联网 +"时代，开展社会化合作，从而扩大影响、实现多方共赢成为公共文化机构丰富服务内容、强化服务效能的必然选择。一些公共文化机构通过发挥好各种市场主体和社会力量积极性，扩大社会力量参与公共数字文化服务的渠道，从公共文化机构"独唱"变为文化机构组织联合社会各界"合唱"，促进了多元服务供给格局的形成，提高了公共数字文化服务创新能力和供给能力。公共文化机构开展社会化合作主要有三方面的特点，包括社会化合作机制的创新、与互联网企业的合作及吸引多元化社会力量参与。

在社会化合作机制的创新方面，北京市东城区的创新实践值得关注。通过引入社会化运营，北京市东城区推动政府"办文化"向"管文化"转变，公共文化服务内容由单一输出向多元供给转变；公共文化服务目标由政府端菜向群众点菜转变 [20]。社会化合作的理念转变、机制突破主要表现为如下几个特点：一是将公共文化服务委托给社会企业、社会组织之前，明确服务考核指标，建立综合绩效评价机制，将基本公共文化服务内容，按不同机构不同项目进行量化，施行第三方绩效跟踪考评。二是创新延伸类服务内容与模式。允许在提供基本公共文化服务的基础上，开展延伸类服务，并允许利用公共文化服务设施，通过市场化手段，以收费形式开展文化服务，充分激发社会化合作的活力，弥补文化设施社会化运营的投入资金、人力成本等缺口。三是大胆突破公共文化服务边界，创新延伸类服务概念，在保障基本公共文化服务由政府购买、充分供给的基础上，将群众个性化、多元化的服务需求归入延伸类服务，鼓励承接主体提供提升公共文化空间环境氛围、提高文化体验度的多元服务内容。四是灵活开展社会化运营，采取了整体式、项目式运营模式，也允许社会力量通过冠名赞助、合作举办、出资协办、参与承办等方式开展社会化运营 [21]。在东城区开展社会化运营的试点单位中，角楼图书馆创造出了"非遗 52 日""角图夜读"等一批文化 IP，汇集了阅读服务、文化展览、文化交流等功能，截至 2019 年底，共开展 869 场群众文化活动，总进馆 19 万余人次，所开展的服务活动吸引大量的群众参与，公共文化服务效能明显提高 [22]。

在与互联网企业开展的社会化合作方面，众多互联网企业创造了新的商业模式和商业基础设施，坐拥庞大的用户流量，公共文化机构与互联网企业的合作可以相互借力，共享资源和渠道，实现双赢。2015 年，上海图书馆与支付宝深入合作，在支付宝“城市服务”陆续实现了书目查询、图书续借、培训讲座等功能，尤其是与芝麻信用的合作，读者可以实现免押金的信用阅读，缩短了办证流程，节约了办证时间，为公共图书馆开展信用服务提供了有益的借鉴 [23]。2017 年 11 月，故宫博物院与腾讯集团在北京合作成立“故宫博物院—腾讯集团联合创新实验室”，在社交、音乐、前沿技术等十大文创业态与前沿技术领域紧密合作，先后推出故宫 QQ 表情、“故宫回声”主题漫画、举办“传统文化 × 未来想象”论坛等，为数字技术在文化遗产保护、研究和展示领域提供了应用实例。2019 年，国家图书馆在新浪设立首家互联网信息战略保存项目基地，将亿万网友的数字生活记录纳入“国家记忆”，并先后开展“图书馆记录下的微博十年”“中国战‘疫’记忆库”等合作项目；2020 年，国家图书馆又与阅文集团合作共建第二家互联网信息战略保存项目基地，将网络文学作品纳入国家图书馆文献信息资源体系进行保护。2020 年 12 月，中国盲文图书馆、浙江大学、阿里巴巴共同携手发起“读光计划”，目的是促进数字化能力与社会应用场景相结合，让更多视障人士享受到数字阅读的便利。“读光计划”的首批成果包括：联合共建“智能家居体验馆”，主要用于对外展示智能家居产品在视障用户生活场景中应用的最新成果，促进智能家居产品更广泛地为视障人群服务；联合共建无障碍影视内容网络视听平台，在未来 3 年内推出 100 部无障碍电影；向中国盲文图书馆输出最新的 OCR（光学字符识别）读屏技术方案，可将 JPG、PDF 等格式文件以及社交、影音等软件应用的信息转化为语音，为视障用户使用电脑降低门槛 [24]。

此外，在吸引多元化社会力量参与方面，一些公共文化机构探索了基于用户贡献的众包模式，尤其是图书馆在数字资源建设的实践过程中，发现开展众包活动可以促进读者发挥认知盈余的价值，提升资源的使用率、丰富度，并在整体上提升图书馆的数字服务效能 [25]。目前众包在图书馆的应用还在探索阶段，需求主要是影像图片文本化和资源征集。例如，广州图书馆的《广州大典》影像数据库众包项目就属于影像图片文本化。该数据库是根据古籍原版影像建成、基于 PDF 格式的影像全文数据库，建成初期仅可以通过古籍题名、著者、版本等项目进行搜索，造成资源无法被深入挖掘与发现，无法满足学术研究群体的高层次需求。为提供《广州大典》全文文本数据和实现全文搜索，广州图书馆开发了文本录入和纠错两个文本众包功能模块，并将数据开放在网站上进行文本众包，寻找合适的志愿者利用人工手段录入《广州大典》影像的文本；同时，纠错模式也可以对其他用户录入的文本或通过 OCR 识别的文本进行审校和纠误 [26]。上海图书馆搭建完成的“历史文献众包平台”是为了解决海量数字人文资源建设中文本化的问题，目前主要是为了完成档案、手稿等手写资源的元数据著录和全文文本化，为深度揭示这部分资源提供保障 [27]；其中盛宣怀档案众包抄录项目是上海图书馆发起的数字人文众包抄录项目之一，主要任务是通过招募志愿者在线转录盛宣怀家族的信函、奏章、账单等手稿和档案 [28]。除此之外，上海图书馆也通过向公众收集各类资源的方式，充实馆藏数据库，比如在“中国家谱知识服务平台”增加了“在线修谱”功能，向公众征集家谱资源；在“名人手稿档案库”中设计“标注、留言”功能，用户可以发表对于手稿的见解和感悟 [29]。

4.1.5　文旅融合的新动能

文化与旅游的融合，开启了互联网时代公共文化服务的新内涵、新途径。实践不断证明，旅游以文化为灵魂，文化以旅游为载体，文化是旅游得以深度发展的内在动力，旅游也体现了亿万人民对美好生活的向往[30]。随着“互联网 +”在各行各业的应用进一步拓展，文化和旅游融合的趋势也在进一步加速。

南京图书馆的“陶风网借”项目打造了由读者应用端和系统管理端构成的服务系统，将图书馆的实体借阅服务延伸至网络。读者可以通过实体书店、合作旅游景点和宾馆等机构的实体书柜，用手机扫码的方式通过系统完成借阅，图书馆工作人员会在 1 ~ 3 个工作日完成寄送工作，“陶风网借”O2O 借阅方式是图书馆服务的变革，对阅读的泛在化以及文旅深度融合起到了积极的推动作用[31]。除了在旅游景点等地拓展传统借阅服务，南京图书馆也积极创新阅读与旅游相结合的新形式，“文化走读”项目是南京图书馆推出的文化和旅游融合的新举措，主要依托南京图书馆丰富的馆藏资源，每期根据主题选取一本书，邀请书籍作者与行走老师共同解读。读者不仅可以在专家的带领下更好地感悟一本书，还可以跟随行走老师，通过实地实景浸入式的讲解，从书中出发再回到书中，更为全面地理解一本书的内容。2020 年，活动围绕南京特有的文化地标，通过线上录播与线下实地行走两种方式，带领读者感受沉浸式的阅读体验，为旅游景点注入了文化内涵[32]。

为推进文化和旅游深度融合，黑龙江省图书馆积极在伊春市、黑河市统一规划建设文旅融合示范点，全部设置三大服务区域：图书、报刊阅览区，数字图书馆服务区，休闲茶饮、商品售卖区等，比如，伊春市九峰山养心谷“森林书房”。书房主要由透明玻璃房打造而成，周围环绕着河流、沙滩、松林，阅览区摆满童书、绘本，以及 5000 余册其他书籍；游客通过数字图书馆资源服务区的电脑、中国文化网络电视互动播放终端、公共文化一体机，可以随时浏览、下载黑龙江省图书馆的海量数字资源，直播、点播各类视频节目，以及扫码下载电子书、图片、专题片的资源；休闲茶饮区提供各类咖啡、糕点、美酒等[33]。文旅融合示范点极大地增强了旅游景区的文化品位，丰富了景区休闲旅游的内容，提升了旅游景区的服务质量，也推动了当地公共文化服务的发展建设。

2018 年 11 月 25 日，依托村里原有的公共文化设施——文化礼堂，宁波市象山县墙头镇溪里方村成立宁波市首个乡村文旅中心，其中设置四大板块内容，包括游客服务站、文史展示厅、乡创工作坊、艺普讲习所。游客服务站主要提供日常信息发布、咨询接待、休闲服务等内容；文史展示厅用于展示村史村貌、民风民俗、乡村亮点等内容；乡创工作坊为乡村文创特色产品或项目提供展示、孵化及销售平台；艺普讲习所依托“一人一艺”云平台的数字设备和资源，定期开展艺术培训、文化讲座、文艺活动等[34]，其中“一人一艺”云平台是宁波市文化馆以“互联网 + 公共文化”为服务理念，开发的宁波市全民艺术普及云平台，设有文化活动、艺术培训、场馆预订、精品赏析、非遗传承、预约点单六大板块，不仅提供海量资源，同时拥有自主研发的全民艺术普及慕课系列，方便市民学习艺术、欣赏艺术[35]。溪里方村的文旅中心拥有文化和旅游的双重服务功能，是促进文旅融合、乡村振兴的重要举措，为乡村文化服务和旅游服务的融合发展做出了有益探索[36]。

2020 年 4 月，广西壮族自治区文化和旅游厅在广西首个“全民阅读月”期间，打造了“走读广西”公共服务活动品牌，并首次发布《广西公共文化场馆导览图》[37]。该导览图以手绘形式集中标示了广西市级以上 54 家免费开放的公共文化场馆，同时也附有各场馆的官方微信公众号二维码，方便公众获取便捷高效的公共文化服务资讯。活动品牌主要依托公共图书馆，通过举办阅读推广活动、推荐相关文献等内容，结合研学游、自驾游、户外讲座直播等多种旅游形式，将“读万卷书”和“行万里路”有机融合，充分发挥公共图书馆等公共文化场馆的社会效益和社会影响力，让大家更多地关注各个城市里各类公共文化场馆，为大众的日常生活和旅程注入更多的文化力量。“走读广西”公共服务活动也是公共文化和旅游功能融合发展的新模式、新路径的探索和实践，有利于推动文化事业和文旅产业的高质量发展。截至 2020 年 5 月，广西全区 14 个地市级以上公共图书馆都已积极筹划并陆续开展了“走读广西”相关活动，未来还将继续在其他城市开展。

4.2　主要经验及借鉴

前文中列出的典型案例在一定程度上代表了“互联网 +”时代国内机构在开展公共文化服务方面的新理念、新方法、新路径、新机制，对于公共数字文化工程开展服务具有较强的借鉴和指导作用。案例凸显出的以下几点经验尤其值得公共数字文化工程服务借鉴。

4.2.1　以人的需求为出发点

以人为本最核心的思想是以人为根本，一切从人的需要出发[38]。对于公共文化服务来说，就是要以人民为中心，切实关心和研究人民群众的信息需求、学习需求、艺术需求、交流需求、休闲需求等多元化需求，不断满足人民群众日益增长的公共文化需求，不断激发和调动人民群众的积极性和创造力，保障人民群众文化权利的实现。

同时，公共数字文化工程作为国家重点文化惠民工程，是构建现代公共文化服务体系的重要组成部分，公益性、基本性、均等性和便利性是其基本要求。尤其是在互联网造就的信息时代，信息分化导致的数字鸿沟更加剧了信息时代新的贫富差距[39]。这就需要工程服务更多地向革命老区、边疆地区、少数民族地区、欠发达地区等群众，以及残障人士等各弱势群体倾斜，发挥在提供信息基础设施、信息知识内容以及信息技能培训等方面的综合优势，促进公共文化服务均衡协调发展。

4.2.2　服务要注重协同合作

近些年，公共文化基础设施建设进展较快，但公共文化服务的吸引力、影响力相对较弱，以公共文化机构为主体的单一供给体系，已经难以适应新时期大众公共文化服务的需要，亟需更多力量参与公共文化服务体系的建设。公共数字文化工程的建设同样也需要同外部机构协同合作实现服务的创新发展。

一方面，要加强公共文化机构之间跨行业、跨服务的融合发展[40]。现实中，各类公共文化机构为强调其独特性，往往独立开展活动，各机构间的合作交流相对较少。针对这种情况，公共数字文化工程可以与博物馆、美术馆、非遗馆等公共文化机构广泛联合，采用联盟或合作的方式，在设施空间、文化资源、服务活动等方面展开合作与共享，将公共文化机构从背靠背转变为手拉手，相互借力，壮大公共文化水平和能力。

另一方面，要加强与政府、企业、社会组织、公民个人等多方的社会化合作，尤其是借助它们在某一领域的信息优势、技术优势、资源优势、渠道优势、资金优势、社会影响力等，取长补短，提升服务的质量和水平。

4.2.3 技术的关键在于赋能

科学技术是推动现代生产力发展的重要因素和重要力量，随着技术的大量普及和广泛应用，各行各业都在焕发着生机。对于公共数字文化工程来讲，技术尤其是新一代信息技术的使用革新了服务方式、丰富了服务内容、拓展了服务人群，极大地增强了工程的影响力。因此，工程更加需要积极地引入、开发、应用适合的技术，通过服务为用户创造和增值更多价值，进一步提升服务的效率和水平。

同时，要注意技术是为工程赋能的工具和手段，而非目的。通过技术的使用，使工程提供的服务更加方便适用，包括内部空间的设计、服务设施的选择、资源内容的获取、服务活动的参与等，都要减少对公众的限制，尽量贴合公众的使用习惯，提高公众的服务体验。总之，一定要将技术的增值功能放在重要位置，不可过分强调技术。否则，就会产生技术越用越多、越来越先进，服务却不断滑坡的现象，就如不少图书馆出现的那样，移动服务开展得热火朝天，馆内藏书却无人问津，管理系统不断更新换代，文献利用率却未见提升[41]。

4.2.4 品牌建设要着力加强

当前，公共数字文化工程面临公众需求更高、竞争更激烈的巨大压力，破解难题的方案之一就是将工程提供的服务打造成具有影响力和美誉度的服务品牌。品牌作为一种高效的认知符号和概念，可以在公众心中建立差异化的独特感受，传递品质保障，是公众了解、认知、使用、参与服务的一个重要前提和重要因素。工程进行营销推广的目的之一就是建设品牌，提高知名度。公共数字文化工程对服务品牌的打造，不仅是对各项服务内容进行品牌标识，关键是突出品牌背后所承载的优质服务内容，强化核心竞争力，满足公众的公共数字文化需求，品牌建设同时也是工程面向高质量发展的必然选择。

公共数字文化工程打造服务品牌，不仅要着眼于服务活动，也要重视服务空间，将工程所依托的图书馆、文化馆、基层综合文化服务中心等空间打造成品牌。实体空间的环境和氛围是虚拟空间无法提供和满足的。以图书馆举例来说，空间资源是图书馆存在和发展的必要条件[42]，一定程度上可以满足人们在公共空间互动和交流的心理需求[43]，因此需要重视图书馆作为场所的价值，发挥图书馆作为公共文化空间的功能。公共数字文化工程在开展服务的过程中，可以根据公众需求、地方特色、自身条件等，合理设计资源、技术、服务、设施等要素，打造适用性、舒适性、体验感较好的服务空间，设计、策划与空间相关联的活动内容，吸引更多公众走进公共文化空间，享受更加便捷、优质的服务。

参考文献

[1] 吴建中 . 再议图书馆发展的十个热门话题 [J]. 中国图书馆学报，2017，43（04）：4-17.

[2] 图书馆报 . 智能自助服务升级——当机器人走进图书馆 [EB/OL].（2018-03-08）[2021-06-29]. https：//www.sohu.com/a/225157215_99958728.

[3] 软银机器人 . 上海图书馆导入软银 Pepper 机器人，突破人工服务壁垒 [EB/OL].（2019-06-10）[2021-06-29]. https：//baijiahao. baidu.com/s ？ id=1635934902267366260&wfr=spider&for=pc.

[4] 曾群，杨柳青 . 5G 环境下智慧图书馆创新服务模式研究 [J]. 图书馆学研究，2020（22）：2-6.

[5] 高鹏 . 浅谈美术馆的数字化进程——以国际美术馆数字化实践及今日未来馆为例 [J]. 美术，2016（04）：

121-124.

[6] 新华社．5G 新阅读体验中心将落户国家图书馆 [EB/OL].（2020-08-06）[2021-06-29]. http：//www.gov.cn/xinwen/2020-08/06/content_5532882.htm.

[7] 文化部办公厅．文化部办公厅关于公布 2016 年文化志愿服务典型的通知 [EB/OL].（2017-01-06）[2021-06-29]. http：//whzy. dbw.cn/system/201701/101104.html.

[8] 杜希林，刘芳．“互联网＋公共图书馆”的服务实践与创新发展——以辽宁省图书馆为例 [J]. 图书馆学刊，2017，39（07）：5-10.

[9] 中国产业信息网．2019 年中国在线直播行业发展现状及未来发展趋势分析 [EB/OL].（2020-03-03）[2021-06-29]. https：//www.chyxx.com/industry/202003/839307.html.

[10] 华夏经纬网．“云游”各地博物馆赏云端“文化盛宴 [EB/OL].（2021-01-04）[2021-06-29]. http：//www.huaxia.com/zhwh/whsy/6355594.html.

[11] 新华网．2020 年故宫的首次直播火了，网友留言“爱了”[EB/OL].（2020-04-06）[2021-06-29]. https：//baijiahao. baidu.com/s？ id=1663230420318956114&wfr=spider&for=pc.

[12] 中国网．“央视频号・文化志愿者专列”收官 [EB/OL].（2020-11-06）[2021-06-29]. http：//www.xinhuanet.com/ent/2020-11/06/c_1126707523.htm，2020-11-06.

[13] 石慧，曹艺．全媒体时代馆员导读服务创新实践与启示——以济南市图书馆“交享阅”领读人活动为例 [J]. 图书馆工作与研究，2020（S1）：101-106.

[14] 中国旅游报．“滨海之眼”有颜值，更有内涵——天津滨海新区图书馆以文旅融合引全球瞩目 [EB/OL].（2019-05-08）[2021-06-29]. http：//www.bhwh.gov.cn/home/content/detail/id/11460.html.

[15] 光明网．天津滨海新区图书馆：用书籍涵养一座城市的品格 [EB/OL].（2012-12-21）[2021-06-29]. https：//www.sohu.com/a/211765048_162758.

[16] 光明日报．三联书店海边公益图书馆：最孤独图书馆缘何火爆 [EB/OL].（2017-12-21）[2021-06-29]. http：//www.wenming.cn/book/srss/201712/t20171221_4532159.shtml.

[17] 田金萍．互联网线上线下融合模式（O2O）的公共文化服务研究 [J]. 兰台世界，2016（24）：81-84.

[18] 中国图书馆学会公共图书馆分会．中国图书馆学会公共图书馆分会关于公布第一届公共图书馆创新创意征集推广活动获奖名单的通知 [EB/OL].（2018-03-22）[2021-06-29]. http：//www.lsc.org.cn/contents/1351/11617.html.

[19] 施晨露．收集藏书票悦读长三角公共图书馆网借图书服务联盟成立 [EB/OL].（2020-09-29）[2021-06-29]. http：//n. eastday.com/pnews/1601330898026982.

[20] 北京市东城区人民政府办公室．北京市东城区人民政府办公室转发区文化和旅游局关于《北京市东城区公共文化设施社会化运营指导意见（试行）》的通知 [EB/OL].（2021-03-17）[2021-06-29]. http：//www.bjdch.gov.cn/n3952/n3970/n3974/c10554983/content.html.

[21] 北京市东城区人民政府办公室．《北京市东城区公共文化设施社会化运营指导意见（试行）》解读 [EB/OL].（2021-03-17）[2021-06-29]. http：//www.bjdch.gov.cn/n7434/n4963132/n6093606/n6093644/n10043802/c10554968/content.html.

[22] 东城区文明办．北京东城将发布新政策激发公共文化活力 [EB/OL].（2020-06-05）[2021-06-29]. http：//www.bjwmb.gov.cn/xxgk/xcjy/t20200605_985177.htm.

[23] 刘芳．“互联网＋公共图书馆”：服务创新与转型发展 [J]. 图书馆杂志，2016，35（08）：42-48.

[24] 顾磊．“读光计划”让 1732 万视障人群“看得见”[EB/OL].（2020-12-08）[2021-06-29]. http：//www.rmzxb.com.cn/c/2020-12-08/2732248.shtml.

[25] 徐舒．公共图书馆特藏资源数字化建设和服务的众包策略 [J]. 图书馆杂志，2019，38（06）：49-56.

[26] 颜运梅．众包在国内古籍数据库建设中的应用研究 [J]. 图书馆研究，2016，46（05）：30-34.

[27] 姚啸华，贺晨芝，徐孝娟，等．面向数字人文的图书馆众包平台构建研究——以上海图书馆历史文献

众包平台为例 [J]. 图书馆杂志，2020，39（06）：105-112.
[28] 张轩慧，赵宇翔，刘炜，等 . 数字人文众包抄录平台用户体验优化的行动研究：基于社会技术系统理论 [J]. 中国图书馆学报，2020，46（05）：94-113.
[29] 贺晨芝，张磊 . 图书馆数字人文众包项目实践 [J]. 图书馆论坛，2020，40（05）：3-9.
[30] 王世伟 . 关于公共图书馆文旅深度融合的思考 [J]. 图书馆，2019（02）：1-6.
[31] 史叶明 . 文旅融合背景下“陶风网借”O2O 借阅平台应用研究 [J]. 河南图书馆学刊，2020，40（06）：77-79.
[32] 南京图书馆 . 南京图书馆创新服务方式　推出多场“文化走读、非遗公开课”[EB/OL].（2020-08-27）[2021-06-29]. http：//wlt. jiangsu.gov.cn/art/2020/8/27/art_695_9475447.html.
[33] 高文华，张大尧 . 图书馆：支撑文化和旅游公共服务体系融合发展创新实践 [J]. 图书馆建设，2020（06）：158-168.
[34] 宁波晚报 . 宁波首个乡村文旅中心成立 [EB/OL].（2018-11-26）[2021-06-29]. https：//difang. gmw.cn/nb/2018-11/26/content_32046009.htm.
[35] 陆遥 .“一人一艺”云平台普及全民艺术宁波海量文化资源云端共享 [EB/OL].（2017-11-20）[2021-06-29]. https：//zjnews. zjol.com.cn/zjnews/nbnews/201711/t20171120_5742062.shtml.
[36] 李国新，李阳 . 文化和旅游公共服务融合发展的思考 [J]. 图书馆杂志，2019，38（10）：29-33.
[37] 广西壮族自治区文化和旅游厅 . 广西积极探索实践公共服务文旅融合发展 [EB/OL].（2020-04-26）[2021-06-29]. https：//www.mct.gov.cn/whzx/qgwhxxlb/gx/202004/t20200426_852761.htm.
[38] 王海泉 . 以人为本：现代图书馆发展的新理念 [J]. 中国图书馆学报，2002（04）：44-47.
[39] 谢俊贵 . 社会信息化过程中的信息分化与信息扶贫 [J]. 情报科学，2003（11）：1138-1141.
[40] 杨乘虎 . 深化公共文化服务供给侧改革的若干思考 [J]. 图书馆研究与工作，2020（08）：11-14.
[41] 肖希明 . 图书馆呼唤科学精神与人文精神的融合 [J]. 图书馆，2000（01）：15+14.
[42] 吴建中，程焕文，科恩 · 戴安娜，等 . 开放包容共享：新时代图书馆空间再造的榜样——芬兰赫尔辛基中央图书馆开馆专家访谈 [J]. 图书馆杂志，2019，38（01）：4-12.
[43] 肖希明 . 图书馆作为公共文化空间的价值 [J]. 图书馆论坛，2011，31（06）：62-67.

第 5 章 公共数字文化服务参与情况及需求

开展“互联网 +”环境下公共数字文化服务，离不开从公众需求的角度了解、分析当前图书馆、文化馆公共数字文化服务的现状及问题。“互联网 +”时代，公众的文化需求、使用习惯都发生了较大的变化，因此本章围绕公众文化及公共数字文化服务使用情况及需求开展调研，全面梳理公众在文化尤其是数字文化服务中需求及使用习惯的发展趋势，并对公众使用图书馆、文化馆提供公共数字文化服务的认知与使用情况进行调查，总结现有服务中的优势经验和不足，以指导公共文化机构未来更有针对性地面向公众开展公共数字文化服务。

5.1 调研设计

5.1.1 调研目的

本章从公众的角度出发，了解公众在“互联网 +”环境下对文化服务，尤其是数字文化参与情况，在此基础上重点了解公众对于图书馆、文化馆所提供的公共数字文化服务的认知及使用情况，归纳整理出公众对于公共数字文化服务的内在需求和变化趋势，从而指导图书馆、文化馆等公共文化机构扬长避短，根据公众需求不断调整优化服务策略，更好地提升公共数字文化的服务效能。

5.1.2 调研维度

根据第 2 章中对“公共数字工程服务的基本要素”的分析，公共数字文化工程服务形成了以数字资源供给、数字文化活动为两大重要内容的服务模式，见表 5-1。

表 5-1 公共数字文化工程服务基本内容

基本类别	二级类别	服务内容
数字资源供给	数字阅读资源	电子图书、电子期刊、电子报纸、数字文献等资源
数字资源供给	数字视听资源	传统文化、地方文化、非遗、旅游等内容的专题片、纪录片、动漫、音频等资源
数字资源供给	数字视听资源	书法、绘画、摄影、音乐、曲艺、舞蹈等内容的文艺培训、教学、欣赏的专题音视频资源
数字资源供给	数字视听资源	由公共文化活动衍生的数字资源，如文化讲座、文艺演出、文化展览等活动，通过录制、加工、制作的数字资源

（续）

基本类别	二级类别	服务内容
数字文化活动	在线文化讲座	各类文化文艺讲座、公开课、培训在线直播，以及录制的文化讲座
	在线文艺演出 / 表演	由文化机构主导组织，由文化工作者和群众参与，包括音乐、曲艺、舞蹈等文艺演出活动及综合性文艺演出，以及录制的文艺演出 / 表演
	数字资源社交化展览展示及互动	基于微博、微信等社交媒体的宣传推荐及互动活动（留言、转发、答题、游戏、竞赛等）
	数字阅读活动	数字阅读活动，如在线阅读、诵读的比赛及打卡、积分等活动
	在线文艺作品创作展示活动	在线文艺创作展示活动，如书法、绘画、海报、摄影、视频的创作、征集和在线展示
	数字展览体验活动	传统文化、文化遗产、数字馆藏等内容的展览展示，如在线文化展览、线下参与的数字文化体验区或展览等
	其他文化活动	其他主题文化活动在线直播、文化资源应用开发竞赛、资源建设众包活动等

上述工程服务基本内容，从公众参与行为的角度，有以下对应关系：数字阅读资源供给对应数字阅读行为，数字视听资源供给对应数字视听行为。另一方面，在文化活动中，在线文化讲座及在线文艺演出 / 表演是图书馆、文化馆的社会教育、文化艺术普及职能的重要体现；数字资源社交化展览展示及互动、数字阅读活动、在线文艺作品创作展示活动、数字展览体验活动等文化活动都是图书馆、文化馆核心职能的延伸。同时，考虑到公共数字文化空间及设施是数字资源供给、开展文化活动的重要承载，各级图书馆、文化馆都会提供数字化设施、网络环境、影音播放设备及场地、数字文化体验空间，开展数字文化活动。

因此，最终将公共数字文化使用情况及需求的调研范围归纳为数字阅读、数字视听、在线文化讲座、在线文艺演出、在线文化活动和文化设施中的数字文化服务 6 个维度，见表 5-2，并围绕此研究维度进行调研框架搭建与问卷、访谈大纲设计。

表 5-2　数字文化服务框架及公众相应的数字文化使用行为

调研维度	公众数字文化使用行为
数字阅读	读电子书、电子期刊、电子报纸
数字视听	在线观看电影、音乐、纪录片、动画片等影音资源
在线文化讲座	观看在线文化讲座、公开课（含直播）
在线文艺演出	观看线上文艺演出（含直播）
在线文化活动	参与在线答题、诵读、书法、绘画等互动性群众文化活动
文化设施中的数字文化服务	使用电子阅览室、放映厅，或利用馆内网络使用公共数字文化资源等

5.1.3　调研方法

该部分围绕“公众对公共数字文化服务使用情况及需求”开展研究，采用文献调研、问卷调研与个别访谈相结合的方法，在定量分析的基础上，辅以定性分析，分步骤、分层次地剖析文化服务、数字文化服务、公共数字文化服务等不同维度下公众的行为习惯和使用需求。

（1）文献调研

文献调研主要收集近年来公众文化及数字文化参与情况的相关数据，重点收集三年内公众文化参与情况的相关统计报告，既涵盖互联网发展统计报告、中国文化及相关产业统计报告、文化消费情况等宏观报告，也涉及数字阅读报告、短视频与传统文化研究报告等具体数字文化服务相关研究成果，尽可能全面地反映当前公众在文化及数字文化服务领域的行为习惯及需求。

（2）问卷调研

问卷调研在文献调研成果基础上，通过问卷设计更深一层了解公众对图书馆、文化馆所提供的公共数字文化服务的使用情况及需求，是本章节的研究重点。内容设计上，问卷首先通过询问是否使用过各类数字文化服务将受访者分流，受访者只填写其使用过数字文化服务类目下的相关问题，以控制问卷的答题时长、确保回收数据的可信度。题目设计上，每部分从广义的数字文化服务出发，逐步聚焦至图书馆、文化馆所对应的公共数字文化服务，详细了解公众的使用情况、满意度，以及未使用原因等。样本投放方面，兼顾全国各个省份、不同经济发展水平地区、城镇与乡村，以更加客观地反映全国公众的基本情况。最终共回收 2827 份有效问卷，涵盖全国 30 多个省，同时尽量兼顾城乡人口，回收问卷城乡比约为 4∶1。

（3）个别访谈

个别访谈是在问卷调研的基础上，针对一些问卷中未明确体现或需要深入了解的问题，进行的一对一个人访谈。在访谈过程中，我们针对受访者对图书馆、文化馆提供公共数字文化服务的具体使用情况，进行更进一步的了解，如向使用过某项服务的受访者询问其使用感受；对未使用过的受访者现场展示相关公共数字文化服务，待其体验后记录使用感受，并了解之前未使用过的具体原因等，访谈结果对问卷调研成果进行了有力补充和案例佐证。

5.1.4　研究框架

本章将以当今公众文化及数字文化参与情况及需求作为宏观背景，在充分了解公众在“互联网 +”环境下文化参与趋势变化的前提下，重点对图书馆、文化馆提供公共数字文化服务公众认知和使用情况开展调研，一方面归纳总结使用率、满意度高的服务存在哪些优势和经验，另一方面对使用率、满意度不高的方面进行原因分析，提出规避调整的方向，同时梳理图书馆、文化馆未来提供公共数字文化服务的趋势和方向，从公众需求的角度为后续策略分析部分提供方向和支持。

本章节将以图 5-1 所示三点作为研究重点：（1）当代公众文化参与情况。了解公众的基本文化需求与近年来文化娱乐消费情况与变化趋势。（2）公众数字文化参与情况。了解公众近年来对数字阅读、数字视听、在线文艺演出、在线文化讲座、在线文化活动等方面的数字文化参与情况及变化趋势。（3）公共数字文化服务的认知与使用情况。了解公众对图书馆、文化馆等公共文化机构提供对应公共数字文化服务的认知与使用情况，针对认知及使用率较高的服务调研公众对其使用满意度，针对认知及使用率低的服务了解不使用的原因。在此基础上，给出“互联网 +”时代公众对公共数字文化的需求倾向。

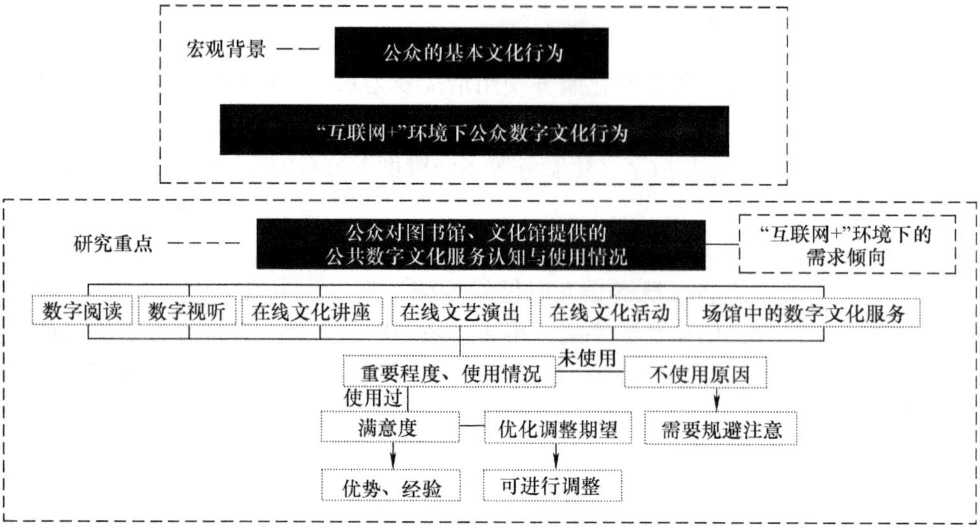

图 5-1　本章研究框架

5.2　公众的基本文化行为

研究公众对图书馆、文化馆提供公共数字文化服务的使用情况，首先需要从宏观上了解"互联网 +"时代公众文化行为、使用习惯和需求，归纳总结当前公众文化服务使用习惯和趋势，才能更好地理解、分析公众在公共数字文化服务领域的行为需求。本节从公众的文化行为及需求出发，分两个层面了解公众行为需求：首先从宏观出发，了解公众基本文化参与情况；再具体到数字文化领域，重点了解公众的数字文化参与情况，为后续研究公众对图文两馆公共数字文化服务使用情况提供公众行为习惯和需求参考。

5.2.1　公众文化参与情况

公众对文化的参与情况反映了其更需要哪些方面的文化内容及服务，一定程度上也体现了公众视角下对文化的重视程度、文化内容供需情况和文化服务效能，从宏观层面勾勒出我国当前文化服务基本情况。

（1）公众对文化的需求较为多元

为了解当今社会公众的基本文化需求，课题在问卷调研中考察了公众更愿意参加何种文化活动。从调研结果来看，公众的文化需求较为广泛，涉及读书、看视频、听广播、参观展览、观看演出、参与体验文化活动等各个方面，这说明当今公众的文化需求更加多元，选择也更加丰富。其中，看视频、读书、收听收看广播电视的公众需求最旺盛，分别占比 62%、59%、50%，视听和阅读成为当前公众最广泛的文化需求。

（2）我国居民文化娱乐消费支出逐年上涨，城乡差异逐步缩小

随着生活水平的不断提高，我国国民可支配收入不断增长，公众对文化的需求和投入也在不断增长。据统计，我国文教消费需求连年保持增长，2018 年全国城乡居民文教消费需求增长 7.37%，人均值增长 6.88%；城乡间虽存在差距但近年来依托文化扶贫等成果，差距正在逐步缩

小，2018 年全国文教消费城乡差距比上一年缩小了 5.98%，地区差指数缩小 1.9%[1]。

（3）公共文化供给稳步增长

近年来，国家不断加大公共文化的投入力度，图书馆、文化馆等公共文化设施不断优化升级，为公众提供更加丰富的文化服务内容。据统计，截至 2019 年，全国一般公共预算文化与传媒支出 4086.31 亿元，其中文化和旅游支出 1783.30 亿元，占比 43.6%；全国公共图书馆实际使用公共房屋建筑面积达到 1700 万平方米，比前一年增长 6.5%；群众文化机构实际使用房屋建筑面积达到 4518 万平方米，增长 5.4%，组织文艺活动 1359460 次、举办训练班次 889247 次，分别较前一年增长 10.4%、15.6%。公共文化服务的提升，也获得了公众的广泛认可，2019 年公共图书馆总流通人次达到 90135 万人次，较前一年提升了 9.9%；参与群众文化机构组织的文艺活动人数达到 60136.8 万人次，参与文艺培训 54040 万人次，参观文化文艺展览人数达到 12464.5 万人次[2]，这些数据在反映出公共文化服务效能的同时，也说明公众对各项文化服务具有相当大的使用需求。

5.2.2　数字文化服务参与情况

“互联网 +”时代，我国互联网网民已达到 9.89 亿人次，使用手机上网的网民比例达到 99.7%[3]，移动互联网技术及服务迅猛发展。在此背景下，数字阅读、数字视听、在线直播等数字文化服务形式应运而生，公众使用规模还在不断扩大中。公众数字文化服务参与情况代表了新环境下公众满足自身文化需求的新趋势，也是本课题研究图书馆、文化馆等公共数字文化服务公众行为的基本前提，具有重要的参考价值。

（1）数字阅读、网络视听、在线直播等数字文化服务使用规模上升明显

近年来随着移动互联网技术的提升，在线服务渠道得到极大拓展，文化领域也逐渐开始向数字化服务转型，以数字阅读、网络视听、在线直播等为代表的数字文化服务受到公众广泛欢迎。数字阅读方面，据《2020 年度中国数字阅读报告》统计，截至 2020 年我国数字阅读产业规模已达到 351.6 亿元，较 2019 年增长 21.8%[4]。中国新闻出版研究院《第十八次全国国民阅读调查》结果显示，2020 年我国国民数字化阅读方式接触率为 79.4%，76.7% 的成年国民进行过手机阅读，71.5% 的成年国民进行过网络在线阅读，较 2019 年均有所增长[5]。网络视听方面，截至 2020 年，我国网络音乐用户规模达到 6.58 亿人次，占网民整体的 66.6%，手机网络音乐用户规模达到 6.57 亿人次；网络视频（含短视频）用户规模达 9.27 亿人次，占网民整体的 93.7%，其中短视频用户规模为 8.73 亿人次，占网民整体的 88.3%[3]。近年来传统文化等文化内容的短视频依托抖音等新兴短视频平台得到迅猛发展，截至 2019 年，抖音平台上粉丝过万的传统文化视频创作者超过了 2000 人，粉丝量超 50 万的传统文化明星传承人超过 400 人[6]。在线直播方面，我国网络直播用户规模达 6.17 亿人次，占网民整体的 62.4%[3]。这些数据都体现出我国数字文化服务发展迅速，公众接受率、使用率逐年提升，具有广阔的发展空间。

（2）城乡间公众数字文化行为存在差距

公众参与数字文化方面，城乡间也还存在一定差距。在问卷调研中，除“收看或收听在线文艺演出”一项，农村居民参与率略高于城镇居民外，其他数字文化服务参与率均低于城镇居民，其中数字阅读的使用率差距最大，达到 11 个百分点，这与城乡间互联网差异有关，也与经济文化发展速度差异有关，在提供数字文化服务方面，农村地区尚有较大提升空间。图 5-2 所示为城乡公众参与数字文化的情况。

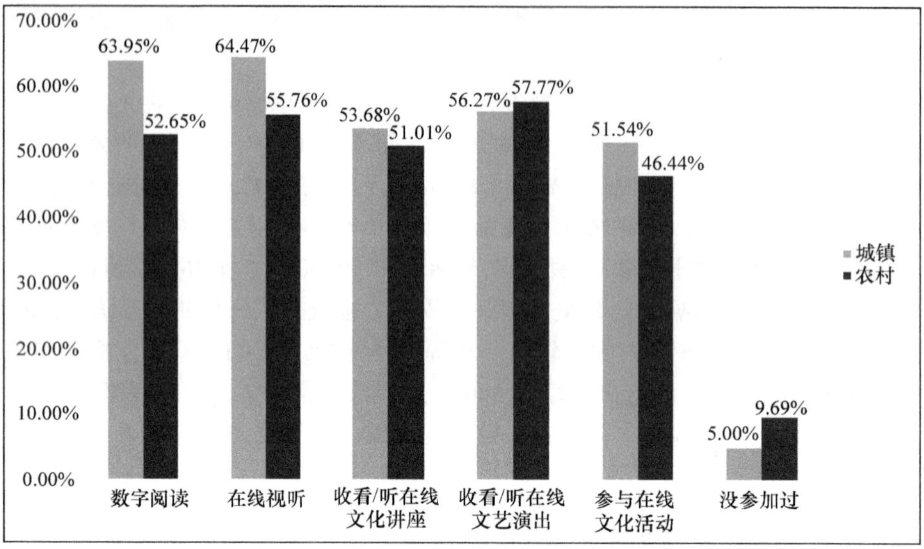

图 5-2　城乡公众参与数字文化的情况

（3）数字文化服务的内在品质、内容吸引力、使用体验成为公众使用数字文化服务最关心的问题

如表 5-3 所示，在问卷调研中，对公众更重视数字文化服务中哪些方面进行了考察，根据调研结果，公众在各个数字文化服务项目中，服务内容的吸引力和使用体验均位列重要程度前三位，其他如资源丰富程度、免费使用、资源质量等也位列在前，相对而言，数字文化服务提供互动、社交等附加功能，公众的重视程度较低，这说明"互联网 +"环境下，公众对数字文化服务更看重其内在品质，期待能获得更丰富便捷的使用体验，进一步满足其不断增长的文化需求。

表 5-3　公众对数字文化服务构成的重要程度认知

数字文化服务项目	对公众重要程度（前三位）
数字阅读	资源丰富程度（89%） 内容吸引力（88%） 使用体验（88%）
数字视听	内容吸引力（88%） 音视频质量（88%） 使用体验（86%）
在线文化讲座	内容吸引力（90%） 使用体验（87%） 在线直播（86%）、免费（86%）
在线文艺演出	内容吸引力（89%） 使用体验（86%） 免费（85%）

5.3　公共数字文化服务认知与使用情况

在公众日常使用的数字文化服务中，既有图书馆、文化馆等公共文化机构为主导的公共数字文化服务，也有商业性、营利性的数字文化消费活动。本课题主要讨论公共数字文化工程，即以图书馆、文化馆为主的公共文化机构所提供的数字文化服务，因此在对公众文化及数字文化活动总体使用情况及需求调研的基础上，还以问卷调研为核心了解了公众对图文两馆所提供的公共数字文化服务的认知及使用情况，重点调研了公众获取公共数字文化服务资讯的渠道、使用图文两馆公共数字文化服务的情况、使用满意度、对未来优化升级的期望等方面内容。

5.3.1　公共数字文化服务信息获取渠道多样

有效获取服务信息是公众使用公共数字文化服务的第一步。如图 5-3 所示，问卷调研中，我们列举了当前常见的资讯获取渠道，其中既包括图书馆、文化馆常用的宣传阵地，也包括当前公众常用的社交平台、新闻资讯平台等，以进一步了解公众对公共数字文化服务信息的接触情况和获取渠道。

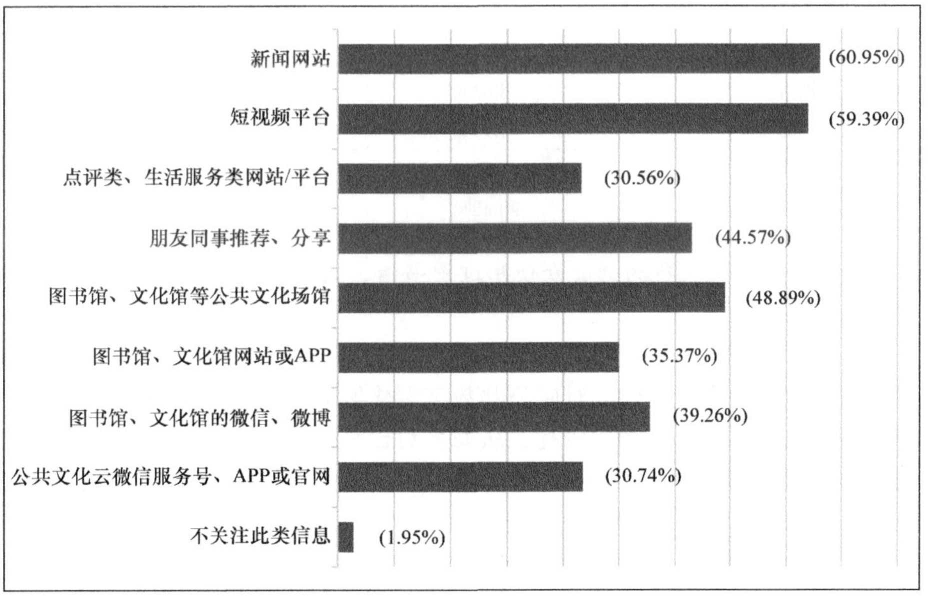

图 5-3　公众获取公共数字文化服务信息的渠道

（1）公众普遍对公共数字文化服务信息接触率较高，获取渠道多样

在全部问卷中，98% 的受访者至少通过一种渠道获取过公共数字文化服务信息，这说明我国公共数字文化服务及相关资讯的公众接触率较高，公众在日常可比较容易地获取到自己所需要的公共数字文化资讯。从获取渠道来看，问卷中各渠道均占有一定比例，说明公众获取公共数字文化服务信息的渠道较为多元，通过传统网站、新媒体平台、人际传播等多种方式均可获取相关资讯。

（2）图书馆、文化馆等公共文化机构尚未成为公众获取公共数字文化信息的主流渠道

图书馆、文化馆等公共数字文化机构，既是提供公共数字文化服务内容的重要阵地，也应

是传播相关服务信息和资讯的关键平台。但与新闻网站、短视频等平台相比，公众从图书馆、文化馆等公共文化机构获取公共数字文化服务信息的比例仍然较低。在公共文化机构提供的信息发布渠道中，最高的为“图书馆、文化馆等公共文化场馆”，但也只占总答题人数的49%，与新闻平台（61%）、短视频平台（59%）等社会性公共平台仍有较大差距；而“图书馆、文化馆的微信、微博”“图书馆、文化馆网站或APP”“公共文化云微信服务号、APP或官网”等公共文化机构的在线平台的比率更低，仅占答题人数的三到四成。这说明目前图书馆、文化馆等公共文化机构虽然大量开设微博、微信等在线服务平台，但尚未成为公众获取公共数字文化信息的主流渠道，宣传效果和影响力欠佳。

5.3.2 公共数字文化服务知晓率和使用率较高

在有过数字文化行为的人群中，公众使用过图文两馆提供的对应公共服务的比例，反映了图文两馆公共数字文化服务在公众中的知晓度和参与度。表5-4所示为城乡地区公共数字文化服务参与率。

表5-4 城乡地区公共数字文化服务参与率

公共数字文化服务项目	总参与率	城镇参与率	农村参与率
数字阅读	78.87%	80.73%	69.44%
数字视听	78.03%	78.91%	73.77%
在线文化讲座	75.91%	76.72%	72.40%
在线文艺演出	81.74%	82.07%	80.38%
在线文化活动	90.48%	90.98%	88.19%

（1）近八成有过数字文化行为的公众使用过图书馆、文化馆提供的相应公共数字文化服务，但城乡间仍存在差距

总体来看，使用过数字阅读、数字视听、在线文艺演出、在线活动等不同服务的公众，80%以上都使用过图书馆、文化馆提供的对应公共数字文化服务，说明公众对图文两馆提供的公共数字文化服务的知晓率、使用率都比较高。从城乡对比来看，城镇公众使用图书馆、文化馆公共数字文化服务的比率均要高于农村，其中使用图书馆提供的数字阅读资源使用率差距最大，城镇居民使用率为80.73%，农村居民使用率为69.44%，相差11个百分点。其余公共数字文化服务，如数字视听、在线讲座、在线文化活动、在线文艺演出差距不明显，均相差2～5个百分点。这说明，在一些数字文化服务方面，农村与城镇间还存在一定差距，有较大的提升空间。

（2）在线文化活动公众参与率最高，其中阅读推广类活动最受关注

如图5-4所示，在问卷所列出的公共数字文化服务中，公众对在线文化活动的参与率最高，有90%以上受访者参与过至少一项包括图书馆、文化馆组织的在线文化活动。其中，参加过在线阅读打卡、在线诵读、书评留言等阅读推广活动的公众比例最高，达到65.78%；其次为参与有奖留言、知识问答等互动活动，参与率为58.71%。在线书法、绘画、摄影展示或比赛等文艺类活动，公众参与率略低，但参与比例也均在40%以上。结合访谈情况推测，造成不同文化活动参与率不同的原因可能与活动的参与门槛有关，诵读、留言、答题等活动参与门槛相对较低，内容形式也更加灵活、轻量化，容易吸引更广泛的人群参与；而绘画、书法、表演等活动内容相对有一定能力要求，创作时间较长，一定程度上会对参与率产生影响。

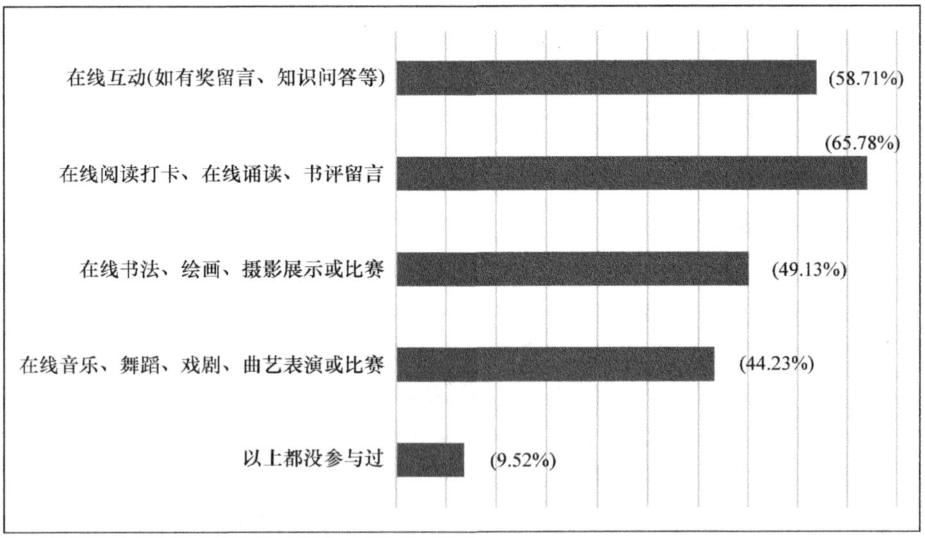

图 5-4　公众参与在线文化活动情况

（3）宣传不到位和社会同类服务竞争是造成部分公众不使用图文两馆提供公共数字文化服务的主要原因

针对有数字文化参与行为，却没有选择过图文两馆所提供同类服务的人群，通过问卷调研了其背后的原因。如图 5-5 所示结果显示，在各项公共数字文化服务中，公众没有使用的原因都高度集中在“不知道有这些资源”和“更习惯通过其他在线平台使用”两个方面，这说明图文两馆自身的宣传不到位，和目前市面上已有的如微信读书、喜马拉雅听书、哔哩哔哩、抖音等在线平台已对公众产生了使用黏性，成为公众没有选择图文两馆所提供服务的主要原因，客观上反映出图文两馆今后应加大对自身服务的宣传，另一方面灵活借助公众已产生使用习惯的在线平台对资源和服务进行推广，扩大公共数字文化服务的影响力。值得注意的是，虽然以上两

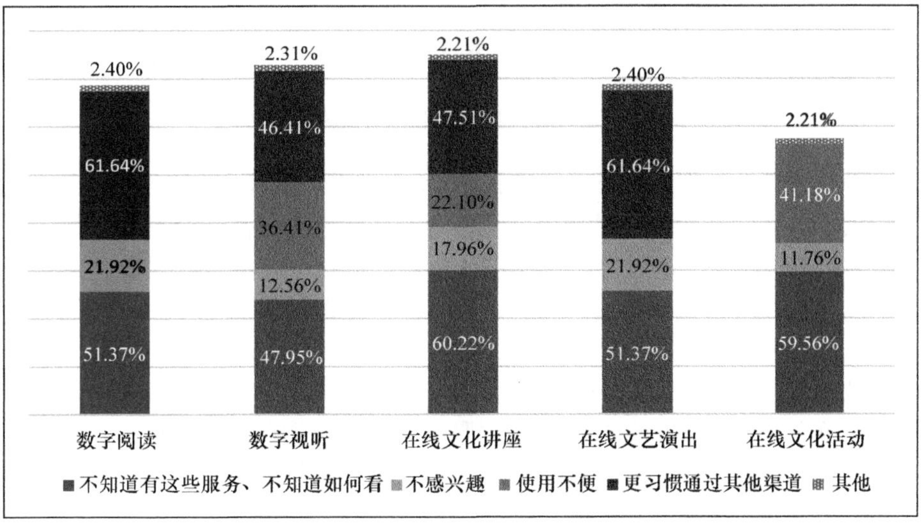

图 5-5　未使用图文两馆提供公共数字文化服务的原因

个原因在城乡两级中都最突出，但城镇和农村仍有差异，如城镇居民更多是因为已习惯在其他平台使用服务，而农村居民更多是因为不知道图文两馆可以提供相应服务，各馆应根据自身不同情况更有针对性地进行服务策略调整。

5.3.3 公众对公共数字文化服务有较高期待

公众满意度是衡量图书馆、文化馆提供公共数字文化服务效能的重要指标。在开展问卷调研的过程中，我们针对数字阅读、数字视听、在线文艺演出、在线文化活动、场馆区内公共数字文化服务等不同服务类别面向使用过各个服务的公众开展满意度调研，并了解在各项服务中，公众在哪些方面还有更进一步的期待。

（1）公众对图文两馆公共数字文化服务满意度整体较高

如图 5-6 所示，在面向使用过图书馆、文化馆所提供公共数字文化服务的受访者中，超过九成对所使用过的相关服务表示满意，其中在线文化讲座的满意度最高，达到 95%，数字阅读、数字视听、在线文艺演出、在线文化活动、场馆区内公共数字文化服务等方面也均超过 90%，说明公众对目前图书馆、文化馆提供的公共数字文化服务普遍表示认可，认为其所提供的服务可以一定程度上满足自身文化需求。

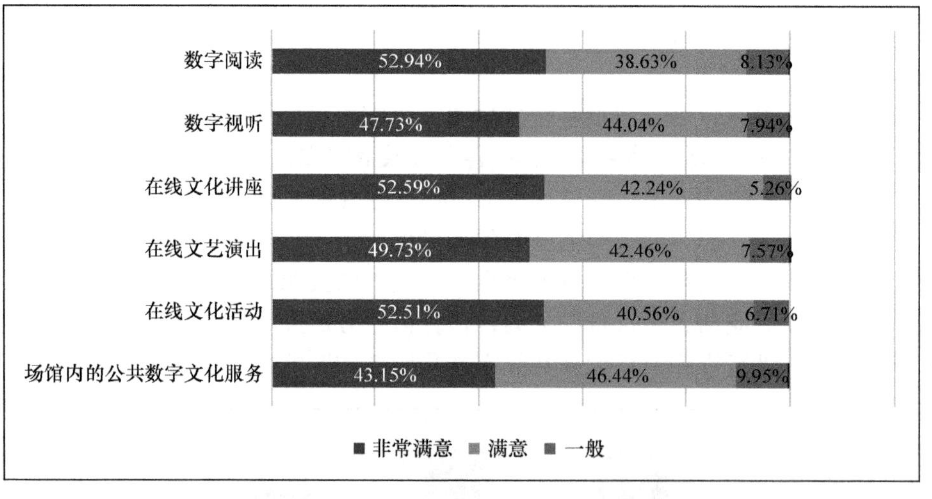

图 5-6　公众对公共数字文化服务各项目满意度

（2）在服务优化提升方面，公众仍对图书馆、文化馆等公共文化机构抱有较高期待

虽然公众对图文两馆提供的公共数字文化服务整体满意度较高，但另一方面，公众也对各项服务存在一些希望优化提升的方面。如表 5-5 所示，针对“还希望公共数字文化服务在哪些方面进行提升”，问卷中所列出的“资源的丰富程度”“资源的质量”“内容的吸引力”“资源检索的便捷性”“提升平台或网站功能”等选项均有超过 30% 的受访者进行选择。其中，“内容的吸引力”和“资源的丰富程度”是公众最期待提升的两个方面，在数字阅读、数字视听、在线文化讲座、在线文艺演出等多个公共数字文化服务项目中均排在期望优化提升的前两位，选择人数均在五成左右，这也与公众更加重视公共数字文化服务的吸引力及体验的调研结果相吻合，也说明在这些更为重要的方面，图书馆、文化馆还具有很大的提升空间。

表 5-5　公众对公共数字文化服务未来调整优化的期待

数字阅读	数字视听	在线文化讲座
资源的丰富程度（53.55%）	资源的丰富程度（52.68%）	资源的丰富程度（53.69%）
内容的吸引力（47.82%）	内容的吸引力（54.31%）	内容的吸引力（54.38%）
资源检索的便捷性（45.30%）	资源的质量（45.86%）	资源的质量（50.07%）
提供新媒体端的服务（40.55%）	资源检索的便捷性（41.52%）	资源检索的便捷性（42.88%）
提升平台或网站功能（40.55%）	提升平台或网站功能（40.11%）	提升平台或网站功能（38.76%）
降低登录或使用门槛（38.43%）	降低登录或使用门槛（37.80%）	其他（0.46%）
扩充社交功能（31.39%）	扩充社交功能（31.66%）	
其他（0.57%）	其他（0.79%）	
在线文艺演出	**在线文化活动**	**场馆内的公共数字文化服务**
内容的吸引力（58.66%）	提供更方便参与的活动渠道（62.49%）	内容的吸引力（60.14）
资源的丰富程度（56.35%）	活动内容和主题的吸引力（60.60%）	服务内容和设施的丰富程度（55.45%）
资源的质量（51.91%）	优化活动时间和时长（54.44%）	现场引导和讲解（51.09%）
资源检索的便捷性（42.03%）	活动回馈的吸引力（45.07%）	使用体验（45.82%）
提升平台或网站功能（38.59%）	降低参与门槛（37.30%）	降低使用门槛（42.90%）
其他（0.32%）	其他（0.42%）	硬件设施定期维修和保养（36.03%）
		其他（0.29%）

5.3.4　公众对图文两馆承担公共数字文化服务供给期望最高

对公共数字文化服务供给主体的认知反映了公众更认可、更期望由哪个主体主要提供相应服务，也可以为下一步合理统筹公共数字文化供给主体提供参考。如图 5-7 所示，问卷选取了当前可提供数字文化服务的主要主体机构，以了解社会公众的认知情况和期望。

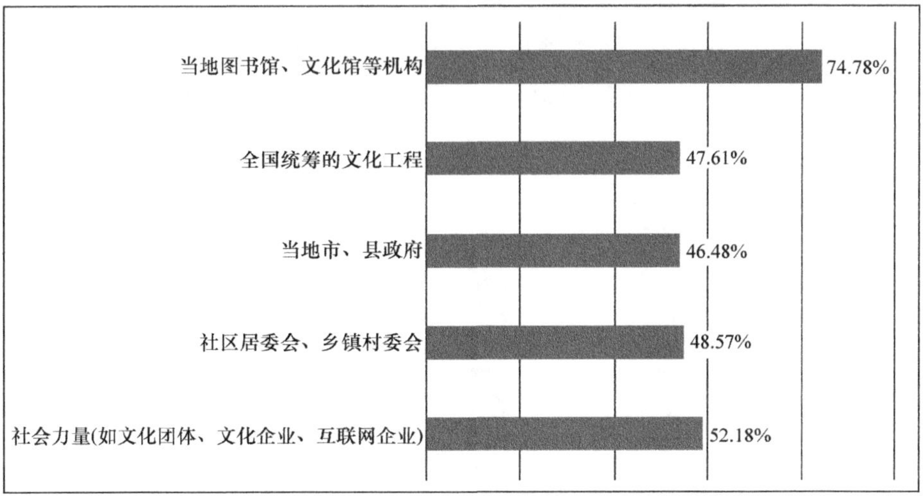

图 5-7　公众对公共数字文化服务供给主体的认知

（1）绝大多数公众认为当地图书馆、文化馆等公共文化机构应发挥提供公共数字文化服务的作用

在问卷调研中，关于“提供在线的阅读、文艺视听、文化讲座、文艺演出等服务，您认为应由哪些主体（机构）发挥作用”一题，75% 的受访者选择了“当地图书馆、文化馆等机构”，

比例远远高于其他选项。一方面，说明在公众认知中，图书馆、文化馆等公共文化机构承担着提供公共数字文化服务的重要责任；另一方面，也反映出公众更期待图书馆、文化馆等公共文化机构在公共数字文化服务方面发挥更大作用。

（2）社会机构、基层群众组织等也是提供公共数字文化服务的重要补充

除图书馆、文化馆等公共文化机构外，文化企业等社会力量、居委会等基层群众组织、全国统筹的文化工程、当地市县政府等选项也均占有一定比例。公众的这种认识反映出图书馆、文化馆等公共文化机构在提供公共数字文化服务的同时，也应有意识地借助其他主体、机构的力量。如依托全国文化工程，带动全国公共文化机构进行服务优化升级；联合出版社、文化团体、文化志愿者等社会力量，从内容、形式上进行联合创新，为公众提供更优质的数字文化服务；可以借助社区居委会、乡镇村委会在基层的影响力，将公共数字文化活动更广泛地带到基层百姓身边。

5.4 “互联网 +”时代公众对公共数字文化的需求倾向

“互联网 +”时代带来了人们生活方式的革新，也改变着人们衣、食、住、行等方方面面的行为习惯。对于文化领域而言，互联网和新媒体的急速发展使文化传播打破了时间地域的限制，改变了公众获取知识、文化娱乐的方式，在这个过程中，公众的文化使用需求和行为也出现了一定变化。本课题通过问卷调研，了解了公众在新环境下公共数字文化服务需求的变化倾向，为图书馆、文化馆等公共文化机构及时调整服务策略提供参考。

5.4.1 “资源供给 + 线下参与”成为公众需求新趋势

（1）六成以上公众更期待数字化的公共文化服务体验

针对阅读、视听、文化讲座、文艺演出、文化活动等多种公共文化服务，我们也在问卷调研中重点考察了公众更需要什么形式的服务，如图 5-8 所示。从调研结果来看，所有公共文化

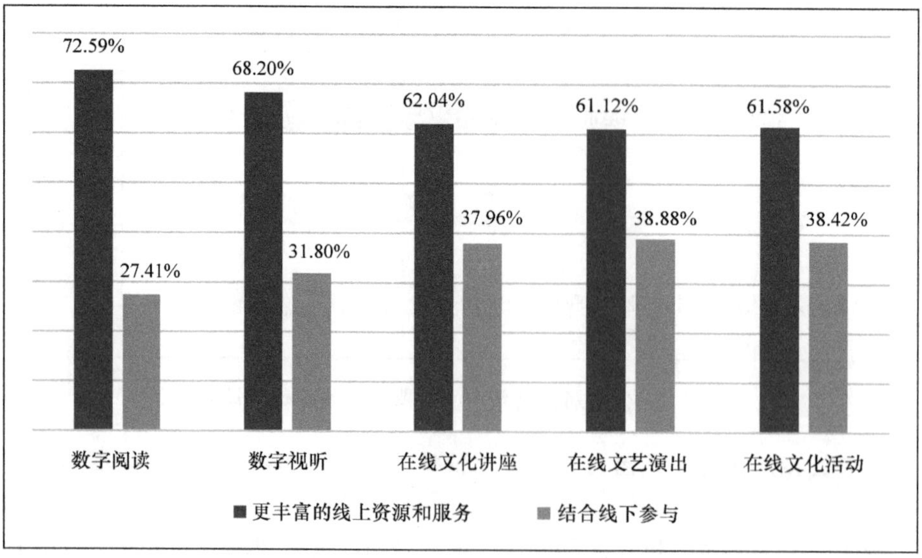

图 5-8　公众对公共文化线上线下服务形式的偏好

服务项目均有六成以上的公众更加期待“更丰富的线上资源和服务”，四成左右的公众希望可以“结合线下参与”。这说明，“互联网 +”时代，公众对公共文化的在线服务已经有了较高的接受度，并且逐渐成为使用公共文化的主流形式。以线上服务为核心的公共数字文化服务已成为图书馆、文化馆等公共文化机构满足公众文化需求的重要手段。

（2）公众对不同类型文化服务的期待形式有所不同

虽然公众对公共文化数字化服务整体的接受度较高，但不同种类的服务项目间依然存在差异。根据调研结果，阅读和视听有更多的公众更希望提供线上资源与服务，这是因为目前数字阅读和数字视听已成为公众文化娱乐的主流服务，更容易被公众接受；而讲座、演出、活动等传统线下开展的活动，希望结合线下参与的公众相对前两项更多一些，线上更多的是打破时间、地点的束缚，为公众提供更多元化的文化体验。

5.4.2　对资源和服务的需求更加主动和个性化

（1）八成以上公众会主动寻找自己感兴趣的文化内容与服务

相对于传统被动接收各类文化信息，“互联网 +”时代带来的另一个新趋势在于，公众在使用各类文化服务时更加积极主动，需求也日趋个性化。如图 5-9 所示，从问卷调研结果可以看到，无论是进行阅读、视听，还是观看文化讲座、演出，参与文化活动，均有八成以上公众选择了“主动找自己感兴趣的内容”，表示“不会主动找，有感兴趣的会看”的公众仅占不足两成。这反映出公众逐渐摆脱了“给什么看什么”的被动接收状态，愿意更加积极、主动地去探索、挖掘现有的文化资源与服务，也充分体现了“互联网 +”环境下受众个性化、细分化的时代特征。

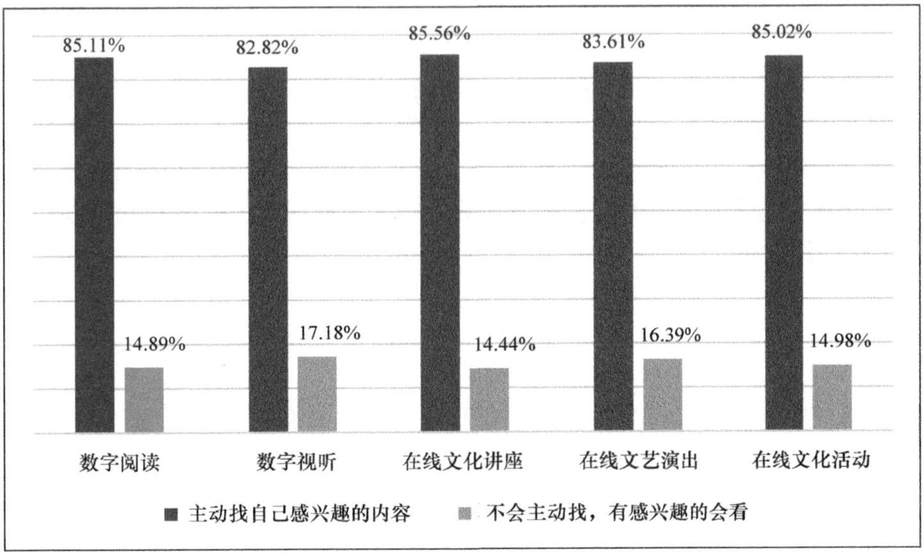

图 5-9　公众使用公共数字文化服务需求偏好

（2）公众的个性化需求对文化内容服务的丰富性和吸引力提出了要求

如前文所述，本课题从多个层面验证了丰富性和吸引力在提供文化服务中的重要作用，公众需求的主动性和个性化，也再次对文化服务的内容建设提出了要求。只有确保内容的丰富性，并提供检索、智能推荐等功能，扩大公众自主选择的自由度，才能更好地满足公众的个性化需求。

5.4.3 对资源和服务的使用更偏向碎片化

如图 5-10 所示，问卷调研显示，约六成公众在数字文化的使用中更偏向于碎片化而非较长时间的集中体验。这与“互联网 +”环境下新媒体服务特性联系紧密，碎片化的媒介环境将人们的在线时间和注意力切分成了若干个小片段，越来越多的人选择利用通勤、休息等碎片化时间获取文化信息、享受文化服务。这就要求公共文化机构适应当前媒介环境，以适当的方式提供一些内容短小精炼的在线文化精品，或提供断点续看等辅助功能，以满足公众的碎片化使用需要。

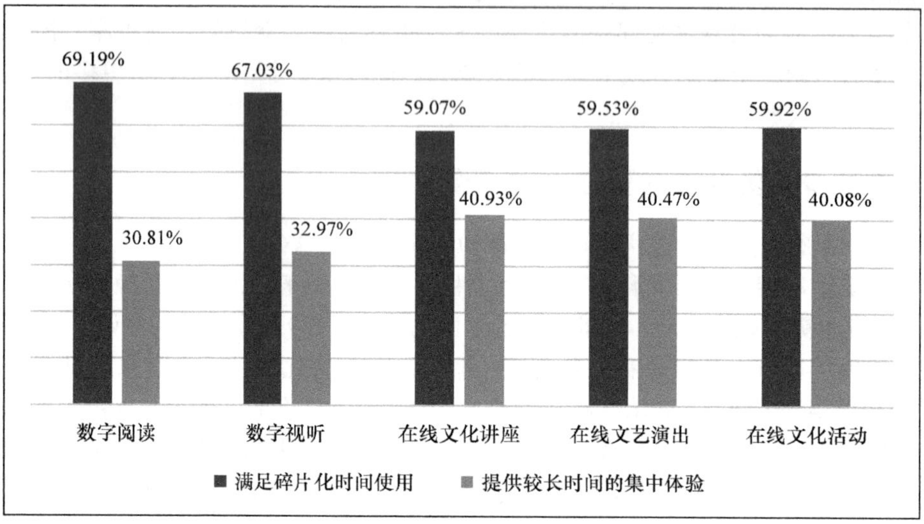

图 5-10 公众使用公共数字文化服务时长偏好

根据调研数据还可以看到，虽然碎片化是公众在文化服务使用方面一个总体趋势，但不同类型的文化服务中，具体的情况也不尽相同。如数字阅读、数字视听等，公众更倾向于碎片化使用；而在线文化讲座、文艺演出、文化活动，还是有相当比例的公众愿意长时间集中体验。因此在制定公共数字文化服务策略时，也应充分考虑不同类型服务的差异性，以便更好地贴合公众的数字文化使用需求。

参 考 文 献

[1] 王亚南 . 中国文化消费需求景气评价报告（2020）[M]. 北京：社会科学文献出版社，2020：19.

[2] 万东华，李建臣 .2020 中国文化及相关产业统计年鉴 [M]. 北京：中国统计出版社有限公司，2020：131-135.

[3] 中国互联网络信息中心 . 第 47 次中国互联网络发展状况统计报告 [R/OL].（2021-02-03）[2021-07-10]. https：//zndsssp.dangbei.net/2021/20210203.pdf.

[4] 央广网 .2020 年度中国数字阅读报告发布 全国用户规模已近 5 亿 [EB/OL].（2021-04-17）[2021-07-10]. https：//baijiahao.baidu.com/s?id=1697268866349917437&wfr=spider&for=pc.

[5] 国家新闻出版署 . 第十八次全国国民阅读调查成果发布 [EB/OL].（2021-04-26）[2021-07-10]. http：//www.nppa.gov.cn/nppa/contents/280/75981.shtml.

[6] 武汉大学媒体发展研究中心，字节跳动平台责任中心 . 抖擞传统：短视频与传统文化研究报告 [R/OL].（2019-05-16）[2021-07-10].http：//media.whu.edu.cn/id/1024.

第 6 章 “互联网 +”时代公共数字文化工程服务策略

“互联网 +”时代，公共数字文化工程所建设的海量数字文化资源，传播效果与服务范围还未匹配互联网信息传播的特性，与充分发挥“互联网 +”对公共数字文化工程的赋能作用还有一定的差距[1]。公共数字文化服务需要创新内容形式，也需要多样化的服务渠道，从而避免在新环境下的供需失衡趋势[2]。

从服务内容上看，数字资源供给、数字文化活动是公共数字文化工程服务的两大支柱，其中数字资源是公共数字文化工程服务的基础，为公共数字文化服务提供了丰富的内容保障，满足人们阅读书籍、收听收看文化专题音视频的需求。而举办文化活动能提升数字资源的知晓度、传播面和使用率，满足人们参与公共文化的需求。两者各有侧重，一静一动、互为支撑，构成了公共数字文化工程服务内容的重要两端。

从服务渠道来看，线上服务是公共数字文化工程服务的重要渠道，是“互联网 +”时代各个行业借助互联网的力量扩大服务时空边界、提升服务效果的重要一端。然而公共文化服务的很多环节不能完全在线上完成，比如参与一场文化讲座或演出、亲身在文化空间中与人交流、实地感受数字化的文化体验展览，同样在公共文化空间、旅游景区，人们都有获取额外的数字化信息资源的需求。因此线下服务空间也成为公共数字文化工程服务的重要阵地。线上线下成为服务渠道的重要两端，实现线上线下贯通（O2O）也成为“互联网 +”时代各行各业形态转变的重要方式。

这四个维度构成了公共数字文化工程服务策略的着力点。图 6-1 所示为提升公共数字文化工程服务的关键维度。

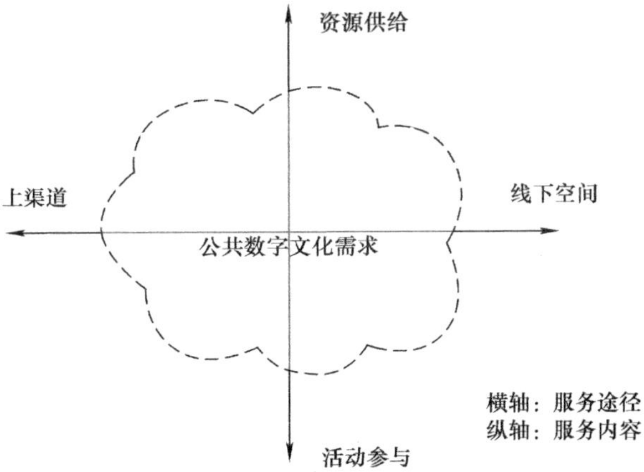

图 6-1 提升公共数字文化工程服务的关键维度

6.1 重构资源建设模式，适应“互联网 +”使用习惯

数字资源是公共数字文化服务的起点，也是公共数字文化服务的基础保障。数字资源的建设选题、建设结构和质量对公共数字文化工程有着根本性的影响。公共数字文化工程的资源建设，由各级公共图书馆和文化馆承担，先期参与工程建设的图书馆已经基本形成了一套资源建设的标准和建设流程；文化馆在“十三五”时期逐步纳入公共数字文化工程建设范畴，不断加快资源建设模式的探索。面对快速发展的互联网环境，公共数字文化工程所建设的资源有规模、有特色，但也存在不适应移动服务、挖掘揭示不足、缺乏知识性和吸引力等问题。“互联网 +”环境下，公共数字文化工程要形成网络优质资源内容的供应体系，从而培育、引导公众形成健康、积极、向上的文化品位。

6.1.1 转变互联网环境下资源建设选题思路

“互联网 +”时代，粗放式、内容同质化的资源建设模式很难满足当前公众的数字文化需求。公共数字文化工程资源建设应转变选题思路，资源主题必须要贴近公众需求和习惯，可以从以下几方面考虑。

首先要强化坚持正确政治方向，以社会主义核心价值观为引领，选择中国特色社会主义文化主题内容。国家各层级的文化政策为公共数字文化工程资源建设选题提供了基本遵循。《国民经济和社会发展第十四个五年规划和 2035 年远景目标纲要》中提出：“坚定文化自信，坚持以社会主义核心价值观引领文化建设”。习近平总书记在给国家图书馆老专家的回信中指出：“希望国图坚持正确政治方向，弘扬优秀传统文化。”这些都要求公共数字文化工程的资源建设选题应牢牢把握正确政治方向，弘扬中华传统优秀文化，继承红色革命文化，发展社会主义先进文化，服务文化事业和国家发展大局，践行举旗帜、聚民心、育新人、兴文化、展形象的使命任务。

其次，资源选题向普及性、基础性、知识性、生活化的内容靠拢，降低公共文化资源的认知难度。一方面，公共数字文化服务要满足公民最基本的公共文化需求，所提供的资源应具备普及性、基本性的特点。另一方面，伴随着移动互联网、大数据、云计算、虚拟现实等前沿信息技术的迅猛发展和广泛应用，公众在资讯获取、数字阅读、社交娱乐等方面的行为模式和习惯发生转变，碎片化、可视化、趣味化、智慧化已成为广大公众对数字文化资源供给的新偏好。因此，公共数字文化工程资源建设在选题上必须充分考虑这一受众偏好转变，加强对受众偏好感知和反应的灵敏度，在遴选资源内容时，应尽量避开其中过于艰深晦涩、专业学术、脱离大众日常生活的主题，做到“既要有阳春白雪，也要有下里巴人；既要顶天立地，也要铺天盖地”。

最后，资源选题应发挥好公共数字文化工程和建设机构的优势，扬长避短，在自主建设和补充采购两种建设模式中找到平衡。对图书馆而言，可深挖古籍等公有领域文献、自有版权讲座等馆藏资源；对文化馆而言，可整合艺术普及、群艺活动等音视频资源，从中逐步明确选题范围，不断强化公共文化机构的特色。另一方面，把非基本公共服务的部分该交给市场的交给市场，通过数字资源采购对数字出版内容、专题数据库内容进行有效补充，通过与社会力量合作开发实现文化资源的创造性转化和创新性发展。

此外，在资源选题和建设过程中还要注意两方面问题：一是要掌控知识性与趣味性的平衡，不能曲高和寡无人问津，更不能哗众取宠失去灵魂，这既考验公共文化从业者自身对资源理解的水平，也要求公共数字文化资源供给的反馈机制足够灵敏有效；二是不同级别的公共文化机

构建设资源各有侧重，根据机构直接服务的受众群体情况灵活处理选题。综合以上影响因素，公共数字文化工程资源选题应坚持中国特色社会主义文化建设方向，发挥机构职能及自有资源优势，充分考虑“互联网 +”时代公众数字资源使用习惯，做到既能满足人们对美好生活向往之所需，又能寓教于乐、平易近人。

6.1.2　优化适用于移动互联网服务的资源结构

“互联网 +”时代，特别是近年来移动互联网技术及应用快速发展，移动终端已经成为人们获取信息的主要途径。通过移动终端，人们更习惯利用碎片化的时间获取信息，更习惯以轻松愉快的方式进行文化娱乐生活，各类群体及需求不断细分聚合。随着技术的发展，互联网承载的内容资源呈现多态共存、各具特色的趋势，传统资源类型的边界互相渗透，相同内容的资源可以加工成多种类型。一本书可以通过主播甚至人工智能技术朗诵成音频，一场文艺培训可以剪辑加工成短视频、微视频、音频。因此公共数字文化工程所建设的数字资源要适应互联网特点，从整体上出台建设规划，优化增量资源和存量资源的结构，提升资源服务对互联网的适用性。

首先是对存量资源进行加工转制。公共数字文化工程已经建成的各类资源中，不乏各类传承传统文化、极具地方文化特色的优质内容，但适配移动互联网和新媒体的资源所占比重相对较低。视频资源以横屏构图为主，播放时间较长；文献信息资源以图文信息为主，其中有些内容还只是扫描图片。未来，公共数字文化工程可对存量资源进行加工转制，使其适应“互联网 +”时代资源服务环境，延续并提升工程所建优质资源的服务效果。对存量资源转制加工可以考虑以下三个因素。一是适应屏幕。近年来得益于人工智能技术的加持，剪辑加工的效率和准确度得到了极大的提升，可以将大量的横屏视频转制为竖屏构图，适应公众观看手机的需求。二是资源内容由长变短，适应碎片化使用习惯，如一场文化培训或文艺讲座的视频资源时长往往超过一个半小时，可以将传统长视频剪辑为 20 分钟一节的慕课，形成一套课程，也可以对内容进行组织挖掘，加工成 5 分钟以内的短视频或 1 分钟以内的微视频。三是降低信息获取门槛，方便不同场景使用，比如将经典阅读资源通过朗诵加工为音频资源，将视频资源转化为音频资源。

其次是加强新型资源建设，提升公共数字文化资源的吸引力。2021 年文化和旅游部、国家发展改革委、财政部发布的《关于推动公共文化服务高质量发展的意见》中提出“优化资源结构，提升资源质量。加大微视频、艺术慕课等数字资源建设力度”[3]。公共数字文化工程建设的数字资源应适宜多样化、便捷化、低门槛的展示形式，在内容形式上，应注重提高适宜互联网环境的微视频、短视频、有声阅读资源、文化艺术公开课的比例；在资源类型上，应注重探索新技术环境下 VR 资源、AR 资源、全景视频等新型交互式集成资源的建设，将图书馆、文化馆拥有的特色文化资源进行多维度的展示。建设过程中一是要综合考虑项目投入、资源内容、技术条件等因素的实际情况，选择同一内容进行长视频、短视频、微视频，或视频音频、图文多维类型同步建设，应以专门类型资源为建设重点；二是新型资源能够有较为广泛的应用场景，不要因型而求新，不应仅仅追求某种展示技术，从而偏离图书馆、文化馆的特色馆藏和文化服务，争取使建设的资源能够在更大范围、更长时间，以更便捷的方式投入使用。

6.1.3　实现资源的精细化加工和知识聚合

多年来，公共数字文化工程所建设的海量资源已经形成了一定规模，并呈现出“主体多、来源多、类型多”的特点。资源虽多但实际使用效果并不理想。原因之一就是缺乏精细化揭示和知识化服务。不同类型项目建成的资源成果包括视频、音频、图像、文本等内容，各种适应互联网发展的新型资源类型也在不断增加。此外通过采购等方式的数字文化资源也形态各异，各种资源分散存储，资源虽多但容易让公众感到“多则惑”，公众面临海量资源的时候无从下手，无法按需获取资源，不利于提升知晓率和使用率。因此工程资源建设应加强资源的精细化标引和知识组织，形成资源专题知识聚合及揭示，最终实现智能知识发现。

首先，加强各类数字资源、网络资源的精细化标引。对资源中隐含的知识对象进行深度挖掘与识别，按内容特征、地域特征、人物特征、时间特征、事件特征等多个维度进行知识的深度标引，按照知识模型构建多维立体的关联关系，为资源主题知识聚合奠定基础。

其次，实现专题知识聚合与可视化展示。基于用户需求、资源整合需求、知识模型等，借助多种可视化形式，进行专题页面的知识聚合展示，为用户提供知识导航，也加强系统平台对检索与发现结果的立体、可视化呈现，实现各类公共数字文化工程数字资源的关联揭示。

此外，也可以探索由用户进行资源标引的途径，通过用户给资源打标签、评价等行为补充资源的标引信息；对一些尚未信息化处理的资源进行处理，如鼓励用户对图片格式的文献数字化资源进行文字识别。资源的精细化加工和知识聚合要达到两个目的，一是提高用户检索的准确率，满足公众数字资源检索需求；二是由各类资源进行重新聚类，形成主题化、专题化的分类揭示，让公众能看到更多主题丰富、分类明确、内容有趣的资源，满足其文化娱乐需求。

6.1.4 探索创新数字资源生产模式

以往公共数字文化工程资源建设，一方面由各地建设单位建设地方特色文化的数字资源，另一方面工程通过商业采购方式补充普适性资源，资源内容涵盖“全民阅读、全民艺术普及、中华优秀文化数字化、文化精准扶贫、旅游”等主题。“互联网 +”时代数字资源的生产可以在“自建展现地域特色、商购补充普适资源”的基础上，探索以用户生产增强参与性和趣味性、以社会化合作提升动力和影响力的生产模式。

参与感是重要的互联网思维。类比互联网内容生产模式，公共数字文化工程以往主要是采用 PGC（专业生产内容），而 UGC（用户生产内容）模式能够补充阅读推广、群众文化活动类资源。用户生产内容模式已经成为互联网优质内容的重要来源，当下的互联网用户可以在微信、微博撰写发布图文内容，在喜马拉雅平台发布自制音频内容，也可以在抖音平台发布自己表演、剪辑的短视频，同时也产生了大量的标签、评论、弹幕。

图书馆、文化馆举办的各类公共文化服务活动吸引了广大公众和民间团体的参与，具备 UGC 的良好基础。图书馆可以依托进入公共版权领域的经典名著，组织读者进行有声读物的制作。文化馆可以依托群众文化活动和艺术创作活动，由广大群众、文艺团体参与资源建设，开展文艺培训、舞台表演、广场舞大赛等内容的短视频、微视频创作 [4]。再者，公共数字文化工程的大量数字资源也可以开放用户标签、留言评语、笔记等功能。用户的“打标签、留言评语和记录笔记”等行为，会丰富各类资源的描述内容。发动公众参与到资源建设，这些资源在互联网的传播和使用会让公众获得参与感和成就感。需要注意的是，在通过用户 UGC 模式建设资源时，应首先考虑解决版权问题，通过选择公有领域的经典著作，或者向著作者争取相关权利，避免直接朗读或相关表演侵犯原有作品的复制权、改编权。

此外，公共数字文化工程的资源建设，应借助社会力量的技术能力、平台优势和创新经验，为挖掘馆藏资源、弘扬传统文化提供推动力。尤其是各级图书馆拥有丰富的馆藏，可以借鉴我国博物馆文物数字化实践，探索一条公共文化机构与互联网企业合作的可行途径。近些年，故宫博物院、敦煌研究院等单位与互联网企业合作，逐步建设了大量的数字文物和数字资源，通过“数字故宫”“云游敦煌”等数字产品面向公众服务，不断有“现象级”跨界合作的服务案例涌现。同时也有央视与图书馆联合拍摄制作的《典籍里的中国》，把中华文化典籍通过影视化的手法，讲述从典籍出发的中华文明史。在数字化浪潮面前，图书馆、文化馆要保护好、利用好优秀馆藏，可以充分借助社会力量，共同将中华传统文化、地方特色文化、红色历史文化等特色资源实现“创造性转化，创新性发展”，用互联网技术和新媒体乘势而上[5]。

6.2 扩大线上服务的优势，释放“互联网 +”效应

线上服务是公共数字文化工程服务的重要渠道，是“互联网 +”时代各个行业将线下业务借助互联网的力量扩大服务时空边界、提升服务效果的重要一端。公共文化一直致力于借助数字化、信息化提升服务效能，公共数字文化工程已经推动广大公共文化机构不断创新，完善线上服务。随着互联网技术的迅速发展，各类创新服务层出不穷，公共数字文化工程应不断适应互联网发展趋势，实现已有服务的转变升级，更好地满足“互联网 +”时代公共公众的文化需求。

近年来，公共数字文化工程及实施机构已经开始尝试利用各类新媒体服务平台，创新线上服务形式。其中，微博、微信等社交平台发展迅猛，其多级传播的模式在网络融合时代独具优势；喜马拉雅、懒人听书等有声平台，抖音、快手等短视频平台，也使得传播内容通过不同渠道实现了更为精细的分众化服务，满足了不同群体的使用需求。在这样的背景下，许多图书馆、文化馆开设了微博、微信、喜马拉雅、抖音等官方账号，开始探索符合“互联网 +”时代需求的公共数字文化线上服务模式。在这个过程中，公共数字文化工程及实施机构应充分匹配新媒体服务属性及公众使用习惯，发掘适合新媒体传播的服务新样态，才能更好地契合公众当今的数字化文化使用需求。

6.2.1 为不同资源匹配适合的服务渠道

当前，互联网传播平台和内容不断分众化、细分化，以互联网用户的差异需求，对供给的服务内容进行细分，更好地满足了不同群体的互联网使用需求。在公共文化服务方面，综合性新闻、数字阅读、有声书、短视频、公开课等服务形式也不断分化，产生了特定的公共文化服务平台或服务产品。在这样的变化下，公共数字文化工程服务曾经提供的“大而全”“一站式”的服务模式，实际上不能有效满足公众需求。在“互联网 +”时代，公众的文化需求愈发呈现出目的性，对特定渠道的使用偏好和依赖性更加明显，从而会使用提供细分服务、内容相对独立的平台，以满足其需求。公共数字文化工程及实施机构也应充分利用自建服务平台和各类新媒体服务平台，不断细分公共数字文化服务，为不同的内容提供相适的服务渠道，更好地满足公众文化使用需求。

在资源服务方面，可以结合各种适配自建服务平台及新媒体服务平台的展示形式，提供更多适用于手机、平板等终端直接使用的公共数字文化资源。传统的公共数字文化资源，有些已不再适合在新媒体渠道进行服务。因此，要结合新媒体平台特性，打造、提供一批适应新媒体终端的公共数字文化内容与服务。如公共图书馆阅读类馆藏资源，可以通过微信小程序提供在

线阅读，也可以制作成有声资源，还可以制作成读书推荐、好书共读等读者互动内容；讲座、文艺演出等视听资源，可以利用互联网平台开展直播、读者互动等服务，并提供实时回看、留言评分等功能；还可以充分开发利用微信H5动画，手机VR、AR体验，微信小程序等新媒体特有的展示形式和平台，开发一些动画短片、交互游戏等新形式公共文化内容。相较于通过官方网站专题页面等进行资源揭示，新媒体端的资源服务使用更便捷，也更利于在多个新媒体平台间进行共享、传播。

在服务渠道方面，可以充分利用公众现有互联网使用习惯，利用互联网主流内容平台开展公共数字文化服务。根据公共数字文化需求及使用的调研结果，目前公众已经对微信、微博、喜马拉雅、抖音等市面已有社交和文化服务平台有了较高的使用黏性，形成了较为固定的平台使用偏好和习惯。公共数字文化工程及实施机构可以充分利用这些平台开展服务，在不同类型的平台精准提供相应形式的服务内容，利用公众的平台使用习惯提高其对公共数字文化内容服务的接触率和使用率，更有效率、针对性地提供各项服务。利用好互联网主流内容平台，总体上可以降低公众使用资源的学习成本，为公众提供更便利的资源服务方式。

6.2.2 打造轻量化的“公共文化微服务”

“互联网+”时代催发了信息的海量流动，显现了“传播内容简短、传播途径扁平化、传播速度加快”的特征。公共数字文化工程及实施机构在提供线上服务时，要及时转变服务思路，充分理解当前互联网内容碎片化、轻量化[6]的传播特性，打造公共数字文化“微服务”模式，以适应公众在“互联网+”时代的使用习惯，提高资源与服务利用率。

一是要充分理解信息碎片化的传播特性，不断提升服务的曝光率和吸引力。“互联网+”时代，尤其是新媒体环境，催生出海量碎片化信息的快速流动，在提供了丰富信息内容与服务的同时，也增加了公众筛选信息的难度。对公共数字文化工程及实施机构而言，如何在海量的信息流动中提供能为公众识别、利用的公共文化服务，成为线上服务的重要课题。一方面，公共文化机构应提高自身服务在线上各平台的曝光率，通过加大更新频率、拓展资源服务内容等方式，让公共数字文化服务更多、更频繁地出现在公众的视野里，从而提升公众对公共数字文化资源的接触率，逐步将由碎片化信息引流而来的用户转化为稳固的活跃用户。另一方面，也要看到信息碎片化所带来的非系统化、杂乱化等弊端，有意识地将公共数字文化服务进行整合，按不同题材、类型、平台进行整合，并通过知识关联、智能检索等实现服务的精确化推送揭示，实现公共数字文化服务碎片化内容的立体化传播。

二是要适应公众当今互联网使用特点，将线上服务内容向轻量化转型。与信息碎片化相适应，当前公众对互联网内容的使用也愈发碎片化，更倾向于内容少、用时短、使用便捷的轻量化内容。因此，在提供公共数字文化服务的过程中，公共文化机构应逐渐摒弃求大求全、一次性提供的服务模式，通过开展“微阅读”“微讲座”“微演出”“微展览”等，提供单个内容体量小、更新频率高、访问便捷的轻量化服务。当这些资源及内容积累到一定程度，还可以通过不同专题、话题等不断组合更新，持续提供新的主题微活动，实现服务的再次聚类整合，唤醒并激发公众的新鲜感与兴趣，引导并培养用户的使用黏性，长期保持服务的活力及效能。

6.2.3 以用户数据优化线上服务策略

在新媒体服务过程中，会产生大量用户行为数据。这些数据一定程度上直接或间接反映了当前服务效能，也是优化在线服务思路与方向的重要参考。公共数字文化工程或者公共文化机构在开展在线服务过程中，虽不能简单“唯流量论”，但也要重视对用户行为数据的收集和分析，找到其背后服务运营与公众需求间的联系，不断优化真正贴合公众需求的公共数字文化线上服务。

首先，要建立数据监测机制，利用用户行为数据检验服务效能。互联网呈现出内容海量且碎片化的特点，由于发布门槛低、运营平台众多，在服务过程中，很容易出现“重信息发布数量而不重服务质量”的问题。在公共文化机构较常使用的微博、微信、抖音等新媒体平台，都具备相对完备的后台数据统计分析功能，可以相对客观地反映出各项公共数字文化服务在各类互联网平台中的服务效能，帮助各馆了解当前运营服务情况，更加合理地进行不同平台间的优化配置。

一方面，可以通过对用户数据，如访问量、转发率、点赞量、互动数等数据的长期持续监测，判断本馆线上服务的效果和趋势。对于各项数据数值较高、服务效能长期稳定且较好的内容、栏目、功能、活动，应作为服务重点并不断发展创新；对于新策划的栏目、功能、活动等，也应在上线后第一时间建立数据监测机制，并依据用户访问情况进行优化调整，最大程度地发挥其服务效能。另一方面，可以横向对比本馆同时运营的多个平台服务情况，对于服务效能明显突出的平台，可以作为本馆新媒体服务的头部阵地，深入进行服务形式的丰富创新，不断将服务做大做强，吸引更多公众关注使用；对于服务效能不佳的平台，应依据数据分析排查原因，及时调整服务思路并持续监测用户数据，合理优化资源及服务配置。

其次，要将数据分析结果作用于线上服务的优化调整，精准识别用户需求，提供公众更需要、更合理的服务。用户数据除了直接体现各类平台的服务规模，用户数据还能体现用户对于内容、使用习惯等方面的需求偏好，这也是公共文化机构调整不同线上服务平台内容供给、服务特色的重要参考，有助于提升服务质量、增强用户使用黏性。

可以通过访问量等数据判断哪些服务的主题更符合用户的喜好，吸引了他们进行点击浏览；而读（看）完率、访问深度、转发量、点赞量等数据则反映了用户对质量方面的认可和评判。这些数据可以帮助公共文化机构了解用户对服务主题、内容质量、展示形式等方面的兴趣和偏好，在未来的新媒体服务中，可以有意识地从用户兴趣出发，将馆藏资源与服务进行选题和包装，吸引用户使用和参与，以优质内容留住用户。在使用习惯方面，也应根据分时段数据等渠道，研究用户的访问习惯，如访问高峰时段、访问来源等，有意识地进行相应调整，增加新媒体服务的曝光率，引导用户形成固定的访问习惯，并不断通过用户常用访问渠道进行宣传引流。

6.2.4 借助互联网传播特性汇聚服务合力

当今互联网尤其是新媒体环境，改变了传统自上而下的单向传播模式，新媒体的强社交性、强交互性使得每个人都可以成为一个独立的传播主体，呈现出多向、多级的传播模式。在这种新变化下，公共数字文化服务也不再仅依靠各自的官方网站单向提供服务，机构间、机构与用户间、用户与用户间的联系日益频繁，逐渐形成“互联网 +”传播特性下公共数字文化服务的新合力。

形成公共数字文化服务合力，首先体现在业界内部形成联动，相互借力形成线上服务、宣传推广的合力。由不同账号主体组成的新媒体服务矩阵具有较强的集群效应，可以实现公共文化机构间资源与服务协同共享，彼此联动增强服务影响力。各公共文化机构可考虑选择整个公共文化领域，或本省、市、县区域内运营效果较好的新媒体平台开展服务联动，通过共同策划主题活动、共享资源、互推信息、日常互动等形式相互借力、共同发声，形成舆论引导合力，不断增强区域内公共数字文化舆论与服务的影响力。

形成公共数字文化服务合力，还应充分借助公众之力扩大传播范围，加深服务影响力。“互联网 +”时代，每个用户既是信息的接收者，又是信息的创造者，更是信息的传播者。因此，公共文化机构也要转变以往“机构提供服务”的传统思路，充分调动用户参与公共数字文化服务的积极性，引导其主动进行公共数字文化内容的创作和传播，借助公众的参与扩大公共数字文化服务的传播范围。一方面，可以在新媒体等线上服务中有意识地制造话题，吸引用户参与、转发，形成社会话题热点，制造互联网话题“破圈”效应；另一方面，目前单纯以公共文化机构为主体的内容创作已经不能满足公共数字文化资源建设的需要，而用户产生的大量“微内容”也具有十分珍贵的价值，可以作为公共文化机构资源建设的重要补充，同时提升公众的参与感，提升其转发、传播的积极性，主动成为公共数字文化服务的参与者、传播者。

6.3 完善线下空间服务，打通 O2O 服务链条

丰富、便捷的数字资源初步满足了公众对公共数字文化的需求后，数字化文化体验和近距离的文化参与就成了“人民日益增长的美好生活需要”的体现，各类公共文化机构的文化空间作用越来越显著。线下服务是人们参与文化活动、进行文化体验的重要方式，各类公共文化服务空间构成了公共数字文化工程线下服务的重要阵地。

与线上数字文化资源供给同样重要，参与文化活动、近距离进行感官体验已经成为互联网“下半场”公众的重要需求。实际上，传统的服务空间已经不能满足公众的现实需求，空间转型与再造成为公共文化机构服务创新的重要手段。数字化的公共文化空间服务、借助线下服务带动资源利用、复合型的创新空间对公共数字文化整体服务效能的提升作用越来越重要。公共数字文化工程作为推进全国图书馆、文化馆等公共文化机构提升数字化服务能力的国家工程，应积极推动、引导公共文化服务空间的创新拓展与转型再造，着力提升线下空间的数字服务能力，激发线下空间对资源与服务的带动作用，打造复合型服务空间，与线上服务渠道形成闭合、呼应的服务链条。

6.3.1 提升线下空间的数字服务能力

近年来，越来越多的公众愿意到图书馆、文化馆享用文化服务，以图书馆为例，全国图书馆总流通人次从 2017 年的 74450 万人次增长到 2019 年的 90135 万人次，增长率达到 21%[7, 8]。另一方面，图书馆、文化馆等公共文化机构新建场馆、筹办分馆，同时伴随着社区图书馆、24 小时书房、乡镇文化站、流动书车、流动文化站等新的空间形态的出现，公共文化服务空间的覆盖面逐步扩大。然而，目前大部分公共文化线下空间，特别是基层图书馆、文化馆等各类线下空间依然以提供传统服务为主，数字化设施设备短缺、老旧过时，不能为群众提供基础的数字化、网络化服务。未来，公共数字文化工程应当重点提升图书馆、文化馆等公共文化线下空间的数字服务能力，以满足公众的数字文化需求。

首先，要提升公共文化场馆的数字化服务设施设备。一方面，加大对基层公共文化空间的数字化设施建设力度。借助工程及地方经费投入，为基层文化空间配备报刊阅览机、电子书借

阅机、影音播放等设备，同时升级改造网络条件、接入工程服务网络，以便为基层群众提供更丰富的数字资源和服务，让公众在基层空间中享受数字文化资源、参与文化活动。另一方面，针对数字化基础设施较好的省、市级图书馆、文化馆和各类城市空间，工程应带动其空间智能化发展。随着人工智能、大数据、云计算、移动通信、区块链为代表的新一代智能技术高速发展，图书馆、文化馆等公共文化机构也在不断探索将先进的信息技术成果应用于服务空间中，例如无感借阅、机器人导航导览、虚拟讲解、智能安防监控等。公共数字文化工程应在全国范围内推广优秀经验、促进技术创新应用，提升图书馆、文化馆等公共文化空间的智慧化、多元化和体系化水平，提高线下空间的功能拓展性和服务适应性。

其次，要合理定位不同空间的数字化服务角色。在空间总量不断增加、空间形态不断丰富的情况下，如何科学规划、合理利用各类空间开展数字化服务，协调好省、市、县及各类基层文化空间的关系，应当成为公共数字文化工程统筹开展工作的重点任务。例如，省级图书馆、文化馆可以作为区域内的数字资源汇集中心和服务体验中心，同时重点策划服务推广活动并带领全省范围内的各类线下文化空间共同开展活动；县级图书馆、文化馆及社区图书馆、基层文化站等公众更易到达的基层空间，可以重点开展基础性文化服务，例如提供丰富的普适性数字资源，同时组织公众参与省级机构开展的线上线下活动。通过统筹整合各类空间并形成联动，更好地发挥公共文化空间的整体效应。

6.3.2 发挥线下空间对资源与服务的带动作用

相较于线上服务的泛在化、便捷性、海量资源等特点，线下文化空间借助优美的环境、看得见摸得着的资源、服务和设施设备，能够为公众提供良好的氛围和情境，也能够成为公众与数字资源和服务之间的桥梁和纽带。

首先，要加强线下空间对数字资源和服务的宣传展示力度。例如张贴各类数字资源库的介绍及使用方法的海报、易拉宝、展示屏，发放宣传手册；开发、整合揭示与各类空间相配套的数字资源；开展主题数字资源的展览、展示并标注二维码入口；配合实体资源揭示相应的数字资源及使用入口等，以便让进入线下文化空间的公众更多地知晓、了解和使用公共文化机构的数字资源与服务。

其次，借助互动和体验让公众更充分地享受资源与服务。随着数字化和信息化技术的发展，人类获取知识的方式正在从传统的“看、读、听”活动向体验式的“知行合一”的实践转变 [9]。社会公众越来越重视体验感和互动性，希望通过感性的、交互式的场景体验获取知识和信息。目前，我国大部分图书馆、文化馆等公共文化空间中较少有通过体验性、互动性项目让公众感知资源与服务的。未来，公共数字文化工程应当着重打造更多适合大众使用的数字文化、数字艺术的沉浸式、互动式体验空间，使得公众获得身临其境的享受。例如，借助 VR/AR/MR 技术将珍贵资源打造成全息实景，让公众亲身体验名胜古迹、书法绘画、历史事件、典籍故事等传统文化之美；通过配置头盔、数据手套及其他穿戴或嵌入式设备 [10]，让公众借助视觉、听觉、肢体动作等增加互动体验；借助手写识别、电子墨水屏、OCR 识别等技术开发互动游戏，增加体验的趣味性。

最后，通过线上线下的贯通服务，公共文化机构可以将线上平台的泛在化、覆盖广、方便查询获取等优势与线下空间优美的环境、良好的体验感、方便交流分享的氛围和情境进行有机融合，以线下带动线上，将用户从线下空间引流到线上平台。例如，可以将线下实体资源和线上数字资源进行一体化展示；或者线上主推某一主题的优质资源，在线下同时举办相应主题的展览、体验、讲座、研讨等活动，将感兴趣的用户引流至线上平台持续关注某类资源和活动；还可以策划线上线下联动的服务活动，将线上答题与线下探险、解谜相结合，增加活动的趣味性和参与感。

6.3.3 借助复合型服务空间提升数字化服务水平

数字化时代，公众对公共文化空间的利用方式发生了改变，图书馆、文化馆等公共文化机构对自身空间的布局也在发生改变。以图书馆为例，一方面，数字阅读的普及使得公众不需要去实体图书馆就可以在互联网上、图书馆数字化服务平台上查找、获取资源。公众对图书馆实体空间的需求已经不局限于传统的书刊借阅和信息查询服务。另一方面，越来越多的实体文献通过数字化形式提供服务，或者采取更加节省空间和管理成本的仓储式密集型全自动书库进行集中保存和服务[11]，更多的线下空间被空置出来。以"阅"和"藏"为核心服务内容的传统图书馆线下空间正在逐步拓展为集学习、交流、知识、娱乐为一体的复合型服务空间。实践中，越来越多的图书馆也正在将线下空间的服务重心拓展至讲座、展览、体验、交流、研讨等文化活动上，同时越来越多的读者走入线下空间参加各类主题活动。公共数字文化工程也应当引导全国图书馆、文化馆等文化服务机构，重点打造一批多元化、复合型的线下空间，并借助数字化手段提升这些空间的综合服务能力。

一方面，在创建主题文化空间的同时，注重提升主题空间的数字化、智能化水平。近年来，各级图书馆、文化馆建设了一批主题文化空间，包括主题分馆、数字文化体验空间，并借助城市书房、社区图书馆、社区文化中心、乡镇文化站等"馆外馆"打造主题文化空间。图书馆、文化馆传统的馆区内也嵌入各类主题的文化空间，通过多个主题文化空间的协调配合和力量集聚，为公众提供多样化、系统化的文化体验。在这些复合型空间内，往往都有借助各种信息技术开展的文化服务，在线资源、在线服务也悄然融入了复合型服务空间。公共数字文化工程在带动图书馆、文化馆等公共文化机构开展主题文化空间建设时，应当更加注重提升主题空间的数字化、智能化水平。例如，除了提供该主题领域的实体资源外，建设更多高质量、跨媒体的数字资源，甚至拓展线上的虚拟主题空间，方便公众使用；借助各类数字化、智能化设备，围绕某一主题提供系列展览展示和特色体验；为对该主题领域感兴趣的公众提供专业的软件设备、馆员指导乃至更深入的数字、知识服务等。

另一方面，图书馆、文化馆所打造的复合性服务空间，还可以成为公众群组化交流的场所，并利用数字化手段和先进设备提升群组成员交流分享的效率和价值。近年来，公共文化服务界提出应当将图书馆、文化馆等公共文化空间建设成人与人之间、人与组织之间进行交流的中心和场所。实践中涌现的信息共享空间、共同学习空间、创客空间、研讨空间，也在不断探索将具有相同兴趣爱好、不同专业背景的用户聚集在一起，分享见解、思维和技巧，激发出意想不到的创意[12]。公共数字文化工程在带动图书馆、文化馆等文化服务机构建立群组化交流空间的同时，可以在空间中配置视频会议设备为用户提供互动交流的便利，利用智能记录设备及时数字化保存群组成员的创意瞬间，为创新创造累积原始数据[13]；提供开源硬件和互联网，把更多的创意转变为产品[14]。此外，还可以打造线上线下相融合的群组学习空间，线上虚拟空间主要用于实现广泛、便捷的交流和分享，线下实现空间则重点开展深度研讨及动手实操。

6.4 转变服务活动模式，吸引公众广泛参与

开展服务活动是公共数字文化工程服务的基本内容之一，也是满足公民基本文化需求的重要途径之一，与公共数字文化资源供给相辅相成、互为支撑，对于公共数字文化工程建设具有不可或缺的重要意义。

“互联网 +”时代，服务活动化趋势明显，那些主题鲜明、形式有趣的在线活动，吸引公众广泛参与，给相关行业带去了流量和效益。同样，为适应互联网技术环境和公众的习惯，组织策划各种公共数字文化服务活动显得更为紧迫。公共数字文化工程应不断推出各种适合互联网环境下公众喜好、符合传播特性的活动，扩大公共数字文化的展示概率，让更多的公众参与到各类活动中，从而提高公共文化服务的社会效益。

举办公共数字文化活动有着显著的社会效益，能够体现公共文化服务工程及机构的社会价值。具体来说，主要体现在以下几个方面：一是弘扬文化，在举办公共数字文化活动的过程中，吸引公众了解、参与、体验中华优秀传统文化，形成弘扬、传承革命文化和社会主义先进文化的社会氛围；二是宣传资源，举办的数字文化活动融入了各类数字文化资源，在各类活动中能宣传、推广公共数字文化资源，提高资源使用率和覆盖面；三是提升效能，通过多彩有趣的文化活动，可以激发公众的参与热情，使公共数字文化服务覆盖更多人群；四是传播知识，举办活动能够有效推进全民阅读、文化艺术普及，提升公众的文化素养、科学素质、信息素养；五是陶冶情操，公众在参与文化活动后，能够改善、提升个人性情，满足情感需求和文化娱乐需求，在满足精神享受的同时娱乐身心。

6.4.1 转变对服务活动的认知与定位

以往公共数字文化工程建设的重点放在了各种平台、资源建设，对服务推广和活动组织经费投入少。“重建设、轻使用”是导致公共数字文化工程服务效能不高的原因之一，轻使用的表现之一是忽略举办活动对提升服务效能的重要作用，淡化了举办活动面向公众宣传推广的作用。

“互联网 +”时代，马太效应更为显著，强者优势越来越明显，弱者生存空间被不断压缩。诸如电商、即时通信、搜索等信息或服务领域，排名靠前的企业、平台或产品拥有了绝大多数的市场占有率[15]。对于文化供给和文化消费来讲，诸多网民的选择很容易被互联网阅读平台、视频内容平台所吸引、聚集。另一方面，互联网时代，公众注意力非常分散，面对多元化的文化供给，面对诸多零成本的文化服务，公共文化的行业声音和服务的宣传推广很容易被各类平台吞噬，容易淹没在各类“顶流”“大 V”的信息浪潮中。因此，“互联网 +”环境下，公共数字文化工程必须发出自己的行业声音，举办富有吸引力、形式丰富、具备特色的公共文化服务活动，获取广大公众、网民的关注，激发公众的参与热情。

服务活动对公共数字文化工程服务效能有着明显的提升作用。《“十四五”公共文化服务体系建设规划》所提出的发展目标中，5 个主要发展指标中，两个指标明确提到举办活动次数。到 2025 年，全国公共图书馆为读者举办各类活动次数（组织各类讲座、举办展览和举办培训班）要比 2019 年增长 28% ~ 79%，全国群众文化机构组织文化活动次数（展览、文艺活动、公益性讲座、训练班）要比 2019 年增长 12% ~ 22%。综上所述，公共数字文化工程和实施机构要顺应互联网发展趋势，转变“活动只是辅助手段”的固有思维，把组织服务活动放在与数字资源供给同样重要的位置，提高活动开展频率。

6.4.2 提升活动的吸引力和适配性

随着社会的进步、技术的发展，广大群众文化生活品位不断提高，对高品质文化活动充满期待。活动主题不突出、缺乏吸引力的服务活动难以获得公众的认可，即便举办也很容易被遗忘。公共数字文化活动应进一步提升吸引力和适配性。

首先，应明确活动的核心目的，收敛内容与形式，突出主题特点。活动目的应尽量简化，在展示传播文化、引导公众使用资源、吸引公众参与服务中有所偏重。活动的主题策划聚焦在专题阅读推广、艺术普及、群众艺术的某一细分内容。避免成为多项服务、多类内容的陈列，生硬地将各种内容组合在一起，也要避免成为人云亦云的活动，应增强图书馆、文化馆公共文化服务自身特色。

其次，增加活动的知识性与趣味性，激发公众参与兴趣。一是以游戏化、娱乐化的方式，吸引公众参与，比如采用打卡积分、排位赛、趣味激励等手段，提升公众对活动的兴趣。二是提升活动创意，通过公众熟知的人物、话题、事件讲故事，融入翻拍模仿、角色扮演等手段，让公众在参与活动的过程中与某一文化内容形成连接。三是通过引入虚拟现实、全景视频等数字技术，提升参与活动的氛围，增强公众对活动承载的文化感触。

最后，聚焦服务群体，策划适用性更强的活动。受年龄性别、文化程度、专业素养、兴趣爱好等差异影响，不同人群对公共数字文化的需求也有所区别，尤其是少年儿童、老年群体、残障人士、欠发达地区群众等群体因其特殊性，需要工程组织开展更具针对性的服务活动，满足他们的公共数字文化需求。比如，面向少年儿童开展在线阅读推广、朗诵、艺术表演、展览展示等活动，突出趣味性、知识性；面向老年人开展提升数字信息素养培训、互联网技能教学、文化艺术培训、歌咏活动，让老年人更好地共享信息化发展成果[16]；根据不同特点，为残障群体提供无障碍的公共数字文化服务；对欠发达地区的群众，需要工程策划内容通俗易懂、形式更接地气、符合群众习惯的活动吸引公众参与，提供更多的阅读辅导、文艺辅导。

6.4.3 活动规模“大中小微”有机搭配

传统公共文化服务活动内容包括文化讲座、文化展览、文艺培训，同时也有阅读推广主题活动、群众文艺活动等形式。从活动投入、服务人群数量来看，举办一场讲座、一场培训的活动规模相对较小，文化展览、主题活动规模相对较大。

首先，借助新媒体将“小微”活动常态化运营。“互联网 +”时代的数字文化服务活动，除了传统的公共文化活动之外，还有大量的诞生于互联网、依托于新媒体的“小微”型活动。依托于新媒体的“小微”型活动投入成本低、辐射人群广、参与门槛低、能够持续吸引公众，是“互联网 +”赋能公共数字文化活动的典型模式，适合各级公共数字文化机构开展。

对各级公共数字文化服务机构，开展好“小微”活动应注重发挥以下几个优势。一是活动规模轻量化、投入成本低。在日常新媒体宣传推广中就能组织活动，各类新媒体或内容服务平台就提供完备的线上活动工具，通过留言、转发、投票、投稿就能衍生出各类活动。二是服务形式贴近公众互联网使用习惯和兴趣。如依托微信公众号的推文即可开展有奖留言、书评，依托微博即可开展图文转发、投稿，活动的激励措施包括对参与者授予“锦鲤”“达人”等网络称号，也可以对参与者进行虚拟积分或实物奖励。三是活动组织弹性化，能够灵活选择。可以选择适当的社会热点事件、网络热点话题开展一次性的活动，引发公众对公共文化活动的关注，促进公共数字文化资源的使用；也可以根据实际情况常态化开展活动，如专题数字资源推荐、文艺培训、文艺创作评比等，形成具备地域和文化特色的系列活动。四是活动传播效果良好，容易形成网络传播热点。服务时间较为灵活，线上活动开展后公众即可 24 小时参与，服务范围更是得益于互联网迅速扩大，活动覆盖人群广泛，在活动中能够形成良好的网络传播效应，同时也能够培育一批忠实粉丝。

其次，公共数字文化工程和各级机构在开展活动时，应注意活动规模"大中小微"的合理搭配，实现常规活动与重点活动的合理搭配。各级公共文化机构根据自己的实际情况，可以配合重点节庆、传统节日、纪念日等时间开展大中型活动，日常开展系列化、常态化的小微型服务活动。不同规模的活动相互匹配、持续、长期开展，能够更好地、全时段地满足公众文化生活需求。

6.4.4 活动形式线上线下双向联动

当前，在线专题活动成为公共文化机构主要的活动形式。这类活动主要依靠在线的服务渠道开展活动组织，形式包括在线游戏、文艺竞赛、文艺作品征集展示、文艺创作体验等形式，一定程度上满足了公众的部分需求，但缺乏现场感、参与感，活动形式较为单一，对公众的吸引力也在逐步减少。

在"互联网 +"环境下，组织服务活动有了更灵活、更多样的方式途径，活动形式在各种互联网技术的加持下具备了前所未有的形式。图书馆提供的借阅、信息查证等更偏向静态的服务，也开始有了传播、分享等互动的需求和转变。工程服务活动应强化线上线下有效联动，增强文化活动参与感。

一方面，线上活动应引导公众参与线下服务，增强参与感和获得感。一是引导公众走进图书馆、文化馆，了解馆舍空间、资源藏品、文化活动等服务，比如设置需要到现场参与的到馆寻宝、解谜游戏、打卡拍照游戏；再如在线诵读、阅读马拉松等线上活动，通过线下集体诵读、阅读的活动组织，聚集公众群体，形成共同参与的社会氛围，也留下美好体验认知。二是引导公众深度参与融入 5G、虚拟现实、仿真体验、沉浸式空间等技术的数字文化体验空间，增强公众对公共文化的认知。

另一方面，线下活动应提供更为广泛的线上服务，扩大服务范围和影响。首先，"互联网 +"时代，传统的文化服务已经离不开在线的宣传，应充分利用互联网，进行活动预约、预热宣传，扩大传播和舆论效应。其次，可以开展高质量直播与在线互动，比如主题文化活动、文化讲座、文化展览、群众文化活动等，直播的同时可以发挥线上互动交流、广泛传播、延时回放、数据统计分析的优势。

6.4.5 加强活动组织与品牌建设

第一，公共数字文化工程牵头组织开展全国性活动。开展好服务活动，需要有经验的团队、成熟的活动方案以及经费保障。实际上，大量的基层公共数字文化服务机构还缺乏条件，没有人力、物力策划组织服务活动。"互联网 +"时代，很多活动以在线形式进行，公共数字文化工程可以设计通用型的活动框架、共享活动资源，一方面能够降低基层开展活动的难度，另一方面也能形成全国图书馆或文化馆活动联动效应，扩大社会影响。组织形式上，可以由工程牵头开展全国性的服务活动，也可以由省级公共文化机构开展区域性的服务活动。

第二，强化公共数字文化活动品牌建设。创建活动品牌，并得到广大公众的认可，需要持续的投入和长期的建设。公共数字文化工程所打造的活动品牌必须能够体现公共文化服务特色，特别是全民阅读、群众文化活动、艺术创作方面的活动品牌，最容易得到公众认可，引发大家对活动的关注、参与和认同。同时，也要细化活动品牌管理，对活动品牌的名称、标志等内容进行整合和统一，反复出现、强化公众印象。活动品牌一旦创立，能够有效提升公众认可度和社会影响力。

第三，将活动与宣传深度结合，扩大活动的影响力。互联网环境下开展的活动自带传播优势，一方面可以融入社交化、裂变式活动方式，搭载活动宣传；另一方面在活动的调研设计、预告预约、持续开展、收尾总结等环节，持续开展活动宣传。

参考文献

[1] 陆路，秦升 . 文旅融合背景下的公共数字文化服务创新发展——以陕西省图书馆“智能文化云地标”的建设实践为例 [J]. 国家图书馆学刊，2020，29（02）：32-40.

[2] 腾讯网 . 文博数字化怎样发展？国家“十四五”规划布局了！ [EB/OL].（2021-03-19）[2021-04-05]. https：//new.qq.com/omn/20210319/20210319A07WTE00.html.

[3] 文化和旅游部，国家发展改革委，财政部 . 关于推动公共文化服务高质量发展的意见 [EB/OL].（2021-03-08）[2021-04-05]. http：//www.gov.cn/zhengce/zhengceku/2021-03/23/content_5595153.htm.

[4] 琚存华 . 浅谈文化馆的公共数字文化资源建设 [J]. 参花，2020，（19）：137-138.

[5] 戴文静，韩祎楠 . 融媒体背景下图书馆服务转型探索 [J]. 数字图书馆论坛，2020（11）：56-62.

[6] 栾轶玫，徐雪莹 . 时政报道的“轻量化”传播——以央视《物印初心》为例 [J]. 新闻爱好者，2020（1）：39-42.

[7] 文化和旅游部 . 中华人民共和国文化和旅游部 2018 年文化和旅游发展统计公报 [EB/OL].（2019-05-30）[2021-05-07].http：//zwgk.mct.gov.cn/zfxxgkml/tjxx/202012/t20201204_906482.html.

[8] 文化和旅游部 . 中华人民共和国文化和旅游部 2019 年文化和旅游发展统计公报 [EB/OL].（2020-06-20）[2021-05-07].http：//zwgk.mct.gov.cn/zfxxgkml/tjxx/202012/t20201204_906491.html.

[9] 张晓桦 . 创客时代图书馆空间再造与服务融合路径研究 [J]. 图书馆建设，2015（11）：47-51.

[10] 王文韬，谢阳群，李力 . 虚拟现实技术在图书馆中的应用前景分析 [J]. 图书馆，2016（05）：10-14+20.

[11] 谢蓉，刘炜，朱雯晶 . 第三代图书馆服务平台：新需求与新突破 [J]. 中国图书馆学报，2019，45（03）：25-37.

[12] 闫小斌 . 从空间中的生产到空间的生产——图书馆服务转型的新趋势 [J]. 图书馆论坛，2015，35（05）：27-31+49.

[13] 曹静仁 . 高校图书馆学习共享空间对比研究 [J]. 数字图书馆论坛，2020（11）：50-55.

[14] 范红，闫小斌 . 现代图书馆空间变迁逻辑与再造实践 [J]. 图书馆，2020（04）：72-78.

[15] 中国互联网数据资讯网 .CNNIC：为什么互联网行业“马太效应”尤其突出？ [EB/OL].（2013-10-23）[2021-07-04]. http：//www.199it.com/archives/163466.html.

[16] 国务院办公厅 . 国务院办公厅印发关于切实解决老年人运用智能技术困难实施方案的通知 [EB/OL].（2020-11-24）[2021-03-24]. http：//www.gov.cn/zhengce/content/2020-11/24/content_5563804.htm.

第7章 公共数字文化工程服务评价体系及应用

“互联网 +”时代，客观评价公共数字文化工程的服务效果显得越发重要。《关于加快构建现代公共文化服务体系的意见》中，将“完善公共文化服务评价工作机制”作为创新公共文化管理体制和运行机制的重要措施，并明确提出“建立公共文化机构绩效考评制度，考评结果作为确定预算、收入分配与负责人奖惩的重要依据”[1]。《文化部“十三五”时期公共数字文化建设规划》提出以群众文化需求为导向，研究制定公共数字文化服务群众满意度指标[2]。

从公共数字文化工程的实际运行情况看，公共数字文化工程覆盖面广、建设单位多，聚焦服务使用效果的评价没有得到重视，而且互联网技术发展迅速，以往的评价指标已经不适应当下互联网环境。因此，构建评价机制及系统的评价指标，通过合理的办法对公共数字文化工程进行评价，有助于解决公共数字文化服务供需矛盾，有效提高整体服务效能，增强建设活力。公共数字文化工程服务评价体系，应以服务实际效果为导向，建立一套符合当下互联网环境、能够有效引导服务模式转变的指标体系。该评价体系可以作为各级文化主管部门及公共数字文化工程实施单位开展服务评估的参考指标。

7.1 工程服务评价体系要素分析

构建公共数字文化工程服务评价体系，应充分聚焦工程服务的实际效果，并采取两种原则：一是以公众需求为导向，是否能够满足公众需要。二是以服务效果为导向，公众实际使用的情况如何，是否满意。构建工程服务评价体系，首先需要分析“为什么评价”“评价谁的服务”“谁来评价”的基本问题。

7.1.1 评价目的

公共数字文化工程评价是通过统一、科学、规范的评价指标和方法对公共数字文化工程的服务内容、服务成效进行考量和评价，明确其存在的实际问题，促使相关责任主体进一步改进工作、提升建设与服务水平。公共数字文化工程所属经费由中央和地方财政负担，开展评价能够准确评估各大工程的经费使用及其效率，为财政预算和经费管理提供决策依据。因此，开展公共数字文化工程服务评价，必须围绕服务的核心内容和重点任务确定评价内容、设置评价指标并使用适宜的评价方法，如服务资源的内容与使用情况、所开展活动的内容及参与情况。

构建公共数字文化工程服务评价体系，应具有一定的基础性和通用性，能够适用于公共数字文化工程服务的综合性评价。同时，为了让评价结果具备可比性，公共数字文化工程服务评价应实现量化评价，将定性指标和模糊判断转化为定量结果。

7.1.2 评价对象

评价的对象应覆盖不同级别的文化行政主管部门和工程组织实施单位，对不同的评价对象制定符合其职责定位的分类评价指标。公共数字文化工程由文化部、财政部共同组织实施，各级公共文化机构负责建设。《文化部公共数字文化工程管理办法》明确指出文化行政部门作为管理部门，承担公共数字文化工程建设的组织管理职责[3]。文化部委托国家图书馆、全国文化发展中心作为中央级别的组织实施单位；省、市、县级图书馆、文化馆，以及乡镇文化站也都在不同层面承担着工程的实施职责。因此，公共数字文化工程服务的评价应以上述工程建设机构为评价对象。一般来说，具体的评价实践的开展，应在通用性服务评价体系基础上，根据评价对象的机构职责、实际情况选择适合的指标，评价结果的对比也应该在同一类评价对象中进行。比如某省组织开展省内工程服务评价，应对相同层级的工程建设单位开展，区别市级、县级工程建设服务机构。

7.1.3 评价主体

评价主体是具备一定评价知识技能，能够实际参加评价活动的人[4]。根据评价工作的需求和复杂程度，评价主体可以由某个人（专家）承担，也可以由一个工作小组（专家小组）构成。为了评价的客观性，评价工作一般选择评价小组作为评价主体。从专业领域看，评价小组成员应当包括公共数字文化建设的技术专家、资源建设专家、服务专家和评价专家；从职业结构看，评价小组成员应包括学术机构、主管部门、事业单位的专家；从与评价对象的隶属关系看，评价小组成员可包括评价对象的上级、同级和下级代表[5]。需要指出的是，在整个评价流程中，评价主体起着至关重要的作用，评价目的的确定、评价指标的建立、权重系数的确定、评价模型的选择、评价指标的判定都与评价主体密切相关。

7.2 评价体系指标设计

7.2.1 指标选取原则

评价指标体系是评价的基础，是连接评价者与评价对象的纽带。评价指标体系包含互相关联的一系列指标，是按照一定层次结构组成的有机整体。其指标的详细程度、依赖关系、逻辑呼应都会对评价产生影响[6]。本章归纳了一些适用于公共文化服务工程的原则，可以在实际应用中灵活运用：（1）全面系统。选取的指标必须紧紧围绕评价目的，涵盖评价目标的基本内容，反映评价对象的全部信息，避免工作任务和评价内容的错位。（2）简约实用。指标体系要层次分明，简单明了，太多的指标和层级结构会增加评价复杂度，应当有所取舍，把握主要问题，剔除次要因素[7]。（3）互相独立。指标应遵循独立性原则，内容不交叉重叠，不存在依赖、因果关系。（4）可比性。指标尽可能采用相对属性，对同一指标的不同对象进行评价，能够互相可比，可以得出排序结果。评价标准的制定要界定清晰，便于比较。（5）导向性。评价指标应体现政策导向，能够利于解决现有问题，利于公共数字文化建设的发展，如注重服务效能的评价[8]。

7.2.2　确定指标的方法

通过第 2 章对工程服务模式的分析，结合第 6 章所提出的服务策略，公共数字文化工程服务主要包括了数字资源供给和数字文化活动。因此，公共数字文化工程服务的评价应该围绕资源供给的内容、资源使用的情况、文化活动的内容、文化活动的开展情况来设计。同时，为了对服务效果进行全面的评价，还需要包括服务渠道、服务覆盖的用户范围，以及用户的满意度。最终评价指标归纳了 3 个一级指标:服务范围、服务内容、服务效果，14 个二级指标，见表 7-1。

表 7-1　公共数字文化工程服务评价指标

一级指标	二级指标	评价指标描述	指标性质
服务范围	服务渠道	提供公共数字文化工程服务的主要渠道的建设与利用情况，包括到馆服务、网站、移动端 APP、第三方平台等	定性指标
	网站注册用户数量	提供公共数字文化工程服务的网站的注册用户总数	定量指标
	移动端 APP 注册用户数量	提供公共数字文化工程服务的移动端 APP 的注册用户总数	定量指标
	第三方平台用户数量	用于开展公共数字文化工程服务的第三方平台的注册或关注的用户总数	定量指标
服务内容	资源规模	资源建设总量、评估周期内的新建资源量	定性指标
	资源供给	基于公共数字文化工程资源开展的资源供给情况，包括推送资源内容的精准度、丰富度，更新频率，以及推送形式的多样性等	定性指标
	文化活动	依托公共数字文化工程举办的各类公共数字文化服务活动情况，包括文化讲座、文化培训、文化展览、群众文化活动等，服务渠道应涵盖线上线下，重点考察举办活动的内容和次数	定性指标
	特殊对象 / 地区服务	依托公共数字文化工程开展的针对未成年人、老年人、残疾人和流动人口等特殊群体的服务情况，对欠发达地区、边疆地区、民族地区、革命老区等的服务情况	定性指标
服务效果	资源访问量	在评估周期内，公共数字文化工程数字资源在线服务访问量，包括资源网站、移动端 APP、第三方平台等渠道的资源访问量	定量指标
	活动参与人次	参与公共数字文化工程服务活动的用户人次，包括参与总人次及平均参与人次等	定量指标
	服务传播与互动	在评估周期内，评估对象通过网站、移动端 APP、第三方平台发布和公共数字文化工程相关的新闻、推文、博文、短视频等内容传播与互动情况，包括阅读 / 观看量、转发 / 分享量、评价量、点赞量	定量指标
	在线服务时长	用户参与公共数字文化工程在线服务的平均时长	定量指标
	资源满意度	提供的公共数字文化工程资源的类型、内容、组织方式、服务方式，与用户需求的匹配程度	定性指标
	活动满意度	开展公共数字文化工程服务活动的丰富程度与创新程度	定性指标

7.3 评价体系的应用

7.3.1 评价方法的选择

现代科学评价方法主要包括层次分析法（AHP）、数据包络分析法（DEA）、模糊综合评价法（FCE）、人工神经网络评价法、灰色综合评价等，基于这些基本的评价方法的组合，又衍生出来数百种评价方法[9]。各种评价方法的特点及适用范围在很多文献中进行了充分的讨论[10]，本章不再进行深入的分析。公共数字文化工程评价方法的选择要考虑两个关键因素：一是公共数字文化工程在应用时评价对象较多；二是一些指标的评判结果的区分边界较为模糊，存在着如何区分优秀与良好、实力强与弱、水平高与低等模糊问题。

基于以上分析，公共数字文化工程评价较为适用先采用层次分析法（AHP）与模糊综合评价法（FCE）集成的方法，即层次分析法确定指标体系的权重，再采用模糊评价法确定评价对象各指标的属性值，最后进行评判集成得出评价结果。采用层次分析与模糊综合集成方法，首先能够逐层分解细化评价目标，较为客观地确定指标项目的权重。在评价对象时，模糊综合法能够把定性分析转化为定量结果，可以得出不同评价对象对比排名，解决了模糊判断、难以量化的问题。

此外，在应对不同对象与不同场景下的绩效评估时，指标选择应当充分考虑灵活性和可变通性，可结合人为因素和弹性因素，对绩效指标进行适当的扩展、删减或合理优化，让绩效指标更具针对性，推动绩效评价在兼顾全面性的同时，更能够突出重点。

7.3.2 实际开展评价的步骤

（1）明确评价对象及评价周期

在开展评估前，首先要确定评估内容、范围以及被评价项目的时间跨度等，以便于确定指标核定的范围。具体开展评估的过程中，可以根据评估对象的情况选择部分指标，也可以根据实际情况细化新增未涵盖的指标。

（2）确定评价指标的权重

不同的评价指标体现了各自的价值取向，但从指标体系整体看，不同指标有不同的重要程度。因此，评价过程很重要的一个步骤就是对不同指标的重要程度进行区别，也就是定权。在公共文化建设评价中，往往忽视用科学的方法对指标定权，评价者根据经验对指标直接赋予分值，有较大的主观性和随意性。另一方面，习惯用绝对分值，适应性较差，如嵌入到其他评价体系中，要重新确定分值。因此采用层次分析法来确定评价各项指标权重。

在评价实践中，应尽可能邀请不同视角的专家参与评判，比如邀请公共数字文化规划、数字资源建设、服务活动组织、互联网等领域的专家。确定指标权重的过程包括：

1）专家评判。构建每位专家的判断矩阵群，分别统计各位专家对指标的相对权重值。并采用 1 ~ 9 标度方法，对同一层级指标两两对比，选取重要性等级属性 M={同样重要、i 指标比 j 指标稍重要、i 指标比 j 指标明显重要、i 指标比 j 指标强烈重要、i 指标比 j 指标极端重要、i 指标比 j 指标稍不重要、i 指标比 j 指标明显不重要、i 指标比 j 指标强烈不重要、i 指标比 j 指标极端不重要}，并赋值 $C_{ij}=\{1、3、5、7、9、\frac{1}{3}、\frac{1}{5}、\frac{1}{7}、\frac{1}{9}\}$。在专家对指标进行重要性判断后，形成各种三级指标的相对重要性比较矩阵，以及对应三级指标的判断矩阵。

2）层次单排序。层次单排序也就是对于某层次的指标相对于上一层次指标的相对重要性。对于矩阵相对特征向量（即相对权重）的求法比较成熟，主要步骤包括：对矩阵每列元素进行归一化处理；对归一化处理后的矩阵，按行求和得到行向量；将行向量归一化得出相对权重。

3）一致性检验。一致性检验主要是判断不同专家对指标权重的差异性，是否存在较大矛盾。层次分析法引入判断矩阵最大特征根以外的其余特征根的负平均值，作为判断矩阵偏离一致性的指标，即用公式 1，检查判断矩阵的思维一致性。然后引入平均随机一致性指标（*RI*）削弱判断的一致误差，求出 *CI* 与 *RI* 的比率 *CR*（见公式 2）。当 *CR* 小于 0.1 时，认为判断矩阵具有满意的一致性，否则需要与专家沟通，进行判断矩阵的调整。

$$CI=\frac{\lambda_{\max}-n}{n-1} \qquad \text{（公式 1）}$$

$$CR=\frac{CI}{RI}<0.10 \qquad \text{（公式 2）}$$

4）层次总排序。对每一层的指标因素分别进行权重排序后，汇总可得出全部评价指标的权重。

（3）构建评价打分表

为每一个评价指标构建打分表，实现评价结果的定量化分析。首先要统一分值梯度，比如对所有指标按制定 1 ~ 5 分的梯度。对于定量指标，应根据具体指标的实际情况制定评价结果集。比如“活动满意度”指标，可以将满意度划分为 5 个梯度，按照 0 ~ 20%、20% ~ 40%、40% ~ 60%、60% ~ 80%、80% ~ 100%，设置对应分数（1、2、3、4、5）。对于定性指标，也可以按照（差、稍差、一般、良好、优秀）5 个梯度，设置对应分数（1、2、3、4、5）。

（4）综合评价

由评价专家成员采取背靠背方式，根据相关的总结材料、实施结果等佐证材料，对每一项评价指标进行评判，并根据所有专家的评判情况和指标权重，分级计算不同层级评价指标的得分值。这个过程中能够得出每一个评价指标的分值，也能够得出上一层级的分值，如服务范围、服务内容、服务效果，从而进一步得出综合评价总分值。

（5）评价反馈

完成综合评价后，可以直接将综合评价结果反馈给评价对象，也可以指定评价分级标准，将评价等级反馈给评价对象。综合评价结果能够清晰地呈现评价对象的服务情况，能够明显区分服务中的优势和不足。评价等级能够从整体上区分、对比评价对象服务的情况，从而促使相关责任主体进一步改进工作、提升服务水平。

参考文献

[1] 中共中央办公厅，国务院办公厅 . 关于加快构建现代公共文化服务体系的意见 [EB/OL].（2015-01-14）[2021-07-12].http：//www.gov.cn/xinwen/2015-01/14/content_2804250.htm.

[2] 文化部 . 文化部关于印发《文化部“十三五”时期公共数字文化建设规划》的通知 [EB/OL].（2017-07-17）[2021-07-12].http：//zwgk.mct.gov.cn/zfxxgkml/ghjh/202012/t20201204_906376.html.

[3] 文化部办公厅 . 文化部办公厅关于印发《文化部公共数字文化工程管理办法》的通知 [EB/OL].（2015-

06-30）[2021-07-12].https：//www.mct.gov.cn/whzx/bnsj/ggwhs/201506/t20150630_764891.htm.

[4] 术语在线 . 评价主体 [EB/OL].（2021-07-16）[2020-07-16]. https：//www.termonline.cn/search?k= 评价主体 .

[5] 方振邦 . 战略性绩效管理 [M]. 北京：中国人民大学出版社，2014：10-23.

[6] 杜栋，庞庆华，吴炎 . 现代综合评价方法与案例精选 [M]. 北京：清华大学出版社，2015：5-8，20.

[7] 蒋建梅 . 政府公共文化服务体系绩效评价研究 [J]. 上海行政学院学报，2008，9（4）：60-65.

[8] 秦寿康 . 综合评价原理与应用 [M]. 北京：电子工业出版社，2003：5-20.

[9] 陈珽 . 决策分析 [M]. 北京：科学出版社，1987.

[10] 陈国宏，陈衍泰，李美娟 . 组合评价系统综合研究 [J]. 复旦学报（自然科学版），2003（5）：667-672.

第8章 总结与展望

8.1 研究结论

本书以“互联网 +”时代公共数字文化工程的服务模式转变为研究内容，以公共数字文化工程建设的整体视角开展研究，主要结论有以下几方面。

一是对公共数字文化工程服务模式及现状进行分析，包括重点分析工程服务的基本属性、基本要素，归纳了公共数字文化工程“数字资源供给 + 数字文化活动”基本服务模式，并对其二级类别、内容、形式及特点进行分类归纳。直观、量化地呈现了“十三五”时期工程建设的重点内容，并总结归纳工程服务的概况。并对比快速发展的互联网环境，公共数字文化工程服务存在的差距，如资源内容和结构还不能充分满足公众需求、服务手段滞后于信息技术发展、社会化程度不足等瓶颈。

二是对国外公益性文化机构及项目开展研究，包括：国外公益性文化机构在互联网大潮中开展的数字化、信息化服务；与我国公共数字文化工程相似的10个公益性数字文化项目。重点对服务主体、服务内容、服务特点、服务渠道等多方面进行梳理和归纳，同时结合我国实际情况进行对比总结。提出的主要借鉴包括：通过社交媒体大力推广数字文化资源，增强用户互动与黏性；深入挖掘文化资源，通过可视化、具象化的展示方式来丰富资源呈现形式；支持多元化社会力量参与，突破政府单一供给的格局；注重加强用户的沟通与反馈，围绕用户使用习惯开展服务。

三是以国内各级公共文化机构为研究对象，通过文献调研和网络调研，总结了图书馆、文化馆、博物馆以数字化、网络化手段开展公共数字文化服务的创新案例，总结了新技术应用创新、营销推广模式创新、线上线下服务一体化、社会化合作、文旅融合五个方面的创新案例。从而归纳出主要经验：以人的需求为出发点开展服务；注重服务文化机构、政府、企业、社会组织、公民个人等多方的社会化合作协同合作；利用好技术创新资源展示、服务方式，但也要避免落入“科技馆和游戏厅”的误区；要加强服务空间品牌、活动品牌的建设。所提出的经验能为公共数字文化工程开展服务提供借鉴，同时为参与公共数字文化建设的机构提供启示。

四是系统调研公众对文化及公共数字文化服务使用情况及需求，全面梳理公众在数字文化服务中的需求趋势。整体参与情况包括：公众对文化的需求呈现出多元化倾向，文化参与和文化供给都在增长。数字文化参与情况包括：数字阅读、网络视听、在线直播等数字文化服务接触率明显上升；公众对数字文化服务的内在品质越来越重视，内容吸引力、使用体验成为公众使用数字文化服务最关心的问题；公众对图文两馆公共数字文化服务满意度整体较高，但对服务优化抱有更高期待。同时，调研发现公众对公共文化的数字化服务接受度较高；对资源和服务的需求更加主动和个性化；对资源和服务的使用更偏向碎片化。

五是提出"互联网+"时代公共数字文化工程的服务策略，形成资源供给到活动参与、线上服务到线下空间的全链条服务策略。首先，数字资源是公共数字文化工程服务的基础，要转变资源建设的选题思路、优化调整适用于移动服务的资源结构、通过资源的细粒度标引实现知识聚合服务。第二，线上服务可以积极应对服务分众化、信息碎片化、内容轻量化的趋势，为不同的资源和服务匹配合适的服务渠道，通过数据的反馈找到合适的服务路径，并以业界联动、用户联动为策略形成服务合力。第三，线下服务是人们参与公共文化活动、进行文化体验的重要途径，是线上资源和服务的重要入口，因此要利用好各级公共文化机构现有空间，提升数字化服务能力，发挥线下服务对资源和服务的导流作用，最终形成O2O的闭环服务。第四，服务活动是公共数字文化工程服务的基本内容之一，是满足公民基本文化需求的重要途径之一，要通过各类活动吸引公众参与文化娱乐，借助互联网开展常态化的在线活动，并注重线上线下活动的联动和相互促进，形成互联网公共文化的服务品牌。此外，在资源服务策略、线上服务策略、线下服务策略、活动服务策略中探讨了加强技术应用、各类公共文化机构之间协同服务、开展社会化合作的具体方法。

六是提出了以服务效果为导向的公共数字文化工程服务评价体系及应用方法。评价体系分析了"为什么评价""评价谁的服务""谁来评价"的基本问题。具体操作采用层次分析法（AHP）与模糊综合评价法（FCE）集成的方法，把定性评价转化为定量结果，解决了评价结果模糊、难以量化的问题。服务评价体系符合当下互联网环境，能够应用在公共数字文化工程、各级公共文化机构的数字化服务考核及评价工作中，对有效引导服务模式转变有一定积极意义。

8.2 研究局限和展望

8.2.1 研究局限

一是政策的持续变化给研究带来了不确定性。"十三五"前半段，三大公共数字文化工程各自独立运行。2018年开始，原文化部开始牵头研究包括共享工程、农家书屋、农村电影放映、广播电视村村通等文化惠民工程的调整归并。与此同时，公共电子阅览室的使用人数大幅下降，已经不再适应新时代的发展环境。2019年原文化部的公共数字文化工程进行了融合发展，2021年文化和旅游部不再突出公共数字文化工程的称谓，将"智慧图书馆体系建设"和"国家公共文化云"列为"十四五"开展的数字化文化项目。政策的连续变化调整，给研究带来了很大不确定性。

二是课题内容较为宽泛，部分研究内容只能点到为止。主要是因为图书馆和文化馆作为建设实施公共数字文化工程的主要机构，本身的社会职能就非常宽泛，所开展的数字化、网络化服务也非常丰富，同时图书馆和文化馆属于各不相同的文化服务领域，所对应的群众需求和开展的服务各不相同，图书馆偏向静态的数字阅读、知识学习，文化馆偏向动态的艺术普及、文艺表演、群众活动。因此，对于图文两馆所开展的服务研究尽可能兼顾两方面，从共性出发开展研究、给出策略。

三是本课题所提出的服务策略应当在实践中不断优化。本课题提出来的公共数字文化工程服务策略，一方面可以作为数字文化工程的服务策略，另一方面也可以作为图书馆、文化馆等公共文化机构的服务策略。实践是检验真理的唯一标准，只有在实践这些服务策略的过程中才能验证策略的有效性并且不断优化。“互联网 +”时代信息技术飞速发展，各种互联网新媒体渠道和平台渠道层出不穷，提出的策略在较长时间内发挥作用也有待观察。同时，课题所提出的公共数字文化工程服务评价体系也有待在实践中检验并且完善。

综合上述局限和困难，本项目的研究成果也存在一些不足之处，主要包括：（1）项目通过文献调研、网络调研等方法开展了工程服务情况、图文两馆创新服务等方面的调研，但因疫情防控要求，缺乏对服务情况、创新案例的实地调研。（2）项目通过文献研究、案例研究、对比研究的方法从不同角度归纳的经验启示分布在第 3、4 章，未能完全纳入策略部分，容易造成策略不够集中或重复叙述的印象。（3）项目所开展的公众文化需求调研，采用网络问卷的形式开展，虽然尽量兼顾全国不同地区、城镇与乡村地区的投放，但广泛性和代表性存在不足，不能避免样本的局限性。（4）对非政府机构提供的具备公益属性、公共属性的文化资源和服务的研究不够充分。以往公共文化服务的供给集中在图书馆、文化馆等公共文化机构，互联网环境下，越来越多的互联网平台提供了这类文化资源，并成为广大公众参与文化活动的首选。虽然课题选择了重点内容进行了对比，但还不够充分、不够深入。

8.2.2　未来展望

钱逊先生曾说过：“文化发展是变与不变的统一，不变的是它的根本特质、精神、核心价值，变的是其根本特质、精神、核心价值在不同时代环境条件下的具体内容和表现形式”[1]。同样，公共数字文化工程有两个层面的变与不变。

第一个层面，公共数字文化工程是以工程项目的组织形式，推动各级公共图书馆、文化馆广泛开展数字文化资源共建共享，通过网络化、数字化的形式，向人民群众提供公共数字文化资源的服务，满足人民群众信息查证、学习教育、阅读写作、艺术欣赏、文化娱乐等各类文化生活需要。工程一般来说都有其生命周期，也有调整归并、转型升级的可能。2019 年，公共数字文化工程将分开实施的三大工程融合实施，是工程建设的一次重大调整。2021 年，“智慧图书馆体系建设”和“国家公共文化云”又成为文化和旅游部在“十四五”时期开展的数字化文化项目，成为公共数字文化工程的重要内容。所以，数字文化工程的组织形式、项目间的统筹、重点建设内容都存在一定的变化。但另一方面，从工程建设的工作模式来看，有效推动了我国公共文化服务在“互联网 +”时代的发展，这种工程建设模式并没变化，还将在“十四五”期间延续。

第二个层面，公共数字文化工程所提供的服务也存在变与不变。公共数字文化工程的根本特质及核心价值是为人民群众提供优质数字资源及服务，这一点是始终不变的，也是我们开展各项工作所遵循的根本。在这个根本特质中体现了两个要素，一个是服务对象始终是广大群众，一个是服务内容是优质的数字资源。另一方面，公共数字文化工程的根本特质及核心价值在不同时代环境条件下的具体内容和表现形式会变。在“互联网 +”环境下，工程的服务渠道方式、资源的生产组织形式、信息技术的应用赋能、互联网连接的维度、服务人群细分和侧重都会有变化，甚至工程本身也会经历升级转型、调整融合，其实也是建设组织形式的变化。

步入“十四五”时期，国家又出台了一系列公共文化发展的战略规划。这些规划不乏推动公共文化数字化服务，网络化服务的政策导向。比如，国家“十四五”规划和 2035 年远景目标纲要提出要创新实施文化惠民工程，推进公共图书馆、文化馆等公共文化场馆数字化发展。《文化和旅游部 国家发展改革委 财政部关于推动公共文化服务高质量发展的意见》将“加快推进公共文化服务数字化”作为主要任务，提出要加强智慧图书馆体系建设，提升数字文化馆网络化、智能化服务水平。文化和旅游部最新出台的《“十四五”公共文化服务体系建设规划》中提出推动公共文化服务数字化、网络化、智能化建设，要以互联网和新媒体思维，加强与互联网平台合作，推进“互联网 + 群众文化活动”。

纵观 2021 年上半年发布的公共文化政策，可以预见的是：在“十四五”乃至未来更长的时期内，互联网、数字化、智能化会作为未来公共文化发展的重要路径。因此，公共文化通过互联网进行数字化服务必定是开展工作和研究的重要内容。

对公共文化服务来说，实际上“互联网 +”“数字化”带来的机遇与挑战并存。一方面互联网给公众带来了丰富的文化资源、便捷的获取方式，并且很多人愿意为获取知识付费、为文化娱乐付费，公共文化的资源和服务不再是唯一选择，其发展空间一再被各类互联网平台和产品挤压。另一方面，5G 通信、新媒体、大数据、人工智能、VR 等信息技术为公共文化服务提供了创新机遇，公共数字文化可以依托现代技术推进“互联网 + 文化”、构建新型知识服务业态、推动终身教育体系和建设学习型社会，不断提升公共服务均等化、普惠化、便捷化水平。

因此，公共数字文化工程命题宏大，面临着很多有待进一步研究的问题，包括构建更高效引领行业发展的工程组织机制、公共文化服务多元供给模式、文化服务活动组织与运营、社会力量更深层次参与、公共文化与文化产业如何配合等问题都可以作为独立的研究方向。此外，图书馆、文化馆、美术馆、博物馆的服务特点有静有动，如何发挥其服务特点？图书馆、文化馆、美术馆、博物馆的馆藏资源承载的内容有相似性，如何整合调度这些馆藏资源、场馆空间发挥更大的社会效益？这些内容都有待进行后续研究。

新时代公众参与文化娱乐、文化服务的习惯已经发生了转变，并沿着移动化、娱乐化、碎片化、重体验、聚圈层的方向继续发展。面对“互联网 +”时代的机遇和挑战，公共数字文化工程的发展必须立足职能定位，结合各类群体文化娱乐、文化服务的需求，积极谋划事业发展的新理念、新目标、新思路与新路径，提升公共文化数字化、网络化、智能化服务水平，开启公共数字文化服务的新篇章。

参 考 文 献

[1] 钱逊 . 传统文化发展中的变与不变 [J]. 中国领导科学，2018（05）：104-106.